GERHARD SCHRÖDER REIFEPRÜFUNG

GERHARD SCHRÖDER

REIFEPRÜFUNG

Reformpolitik am Ende des Jahrhunderts

Mit Reinhard Hesse

Kiepenheuer & Witsch

Umschlaggestaltung und Einband: Kalle Giese, Overath
Satz Kalle Giese Grafik GmbH, Overath
Druck und Bindearbeiten Mohndruck, Gütersloh
ISBN 3-462-02251-2

INHALT

Vorwort

Zu den abscheulichsten Wortschöpfungen des modernen Politikerdeutsch rechne ich den Begriff »Handlungsbedarf«. Wie so oft in der Sprache, bedeutet auch hier die Verklausulierung eine Verwirrung des Gedankens. Handlungsbedarf kann man proklamieren, einklagen oder sogar rundheraus verneinen, ohne daß damit irgend etwas gesagt wäre über die eigentliche Aufgabe von Politik: nämlich der Gesellschaft Konfliktlösungen anzubieten; Entwicklungen auf den Weg zu bringen, die zu mehr Gerechtigkeit, Selbstbestimmung, Sicherheit, Schutz unserer Umwelt führen. Wer bloß über Handlungsbedarf rechtet, braucht nicht selbst zu handeln.

Während der knapp drei Jahre meiner Regierungstätigkeit in Niedersachsen, aber auch bei den bundespolitischen Weichenstellungen, an denen ich beteiligt war, ging mir als Leitmotiv immer wieder das Wort vom »Hinkriegen« durch den Kopf. Nicht im Sinne von »Hinmauscheln« oder »Hinbiegen«, sondern als Ziel, etwas zu bewegen, etwas zu verwirklichen. In ganz wesentlichen Fragen unserer Gesellschaft, ob bei der Energieversorgung oder der Ausländerpolitik, bei der Integration der ostdeutschen Länder oder dem Umgang mit Rechtsextremisten, steht die Notwendigkeit des Handelns außer Zweifel. Ebenso klar ist jedoch, daß die komplexen Probleme, denen wir uns gegenübersehen, nicht mit Grundsatzerklärungen in den Griff zu bekommen sind und auch nicht mit endlosem Hickhack um abstrakten »Handlungsbedarf«, aufgeführt meist nur zu Zwecken des Wahlkampfs oder der Selbstprofilierung. Wohin bedingungslose Prinzipienreiterei führt, haben wir an der jahrelangen Blokkade in der Energiepolitik gesehen. Was der parteipolitische Krieg der Worte mit seinen schlimmen Sprachentgleisungen bewirken kann, haben Brandstiftungen und Mordanschläge der rechten Terroristen uns schrecklich vor Augen geführt.

Unsere Demokratie ist erwachsen geworden. Jetzt steht sie vor einer Reifeprüfung. Wir müssen aber wissen, daß wir Demokratie immer wieder neu erkämpfen müssen. Als wir 1990 mit einer Reformkoalition aus SPD und Grünen die Wahl in Niedersachsen gewannen, waren wir uns bewußt, daß zur Verwirklichung unserer Ziele neue Wege zu beschreiten sein würden. Dem Ausstieg aus der Atomenergie, den wir uns vorgenommen hatten, würden wir ohne einen Konsens, an dem die Energiewirtschaft und die Gewerkschaften zu beteiligen sind, nicht näherkommen. In vielen Gesprächen, die Mitarbeiter der Staatskanzlei, meine Kabinettskollegen und ich geführt haben, konnte schließlich ein großer Schritt getan werden, der erste Schritt in Richtung auf einen echten Kurswechsel. Wenn die Verhandlungen weiter zum Erfolg führen, wird meine Generation, wenn wir denn ein halbwegs gesundes Alter erreichen, noch einen Lebensabend ohne Furcht vor dem atomaren Super-GAU verbringen können. Das war und ist nur möglich durch eine Strategie des Diskurses, die auch gegenläufige Interessen anerkennt. Ohne einen solch offenen Diskurs wäre das Bündnis innerhalb der Reformkoalition nicht zu halten; gesellschaftspolitisch wirkt der Dialog weit über die Grenzen unserer Regierungsparteien hinaus – auf der Suche nach gesellschaftlichen Koalitionen, die unsere Demokratie am Leben erhalten. Wer hätte vor ein paar Jahren gedacht, daß ausgerechnet das Zu-

sammenwirken einer rot-grünen Landesregierung mit den größten Energieversorgungsunternehmen den Weg zu einer Energiepolitik der Zukunft ebnen könnte? Daß dieselbe rotgrüne Regierung gemeinsam mit einem der größten Autohersteller einen der beachtlichsten Beiträge zum Landschaftsschutz in Niedersachsen verantwortet?
Wir haben auf diesem Weg Fehler gemacht, auch davon wird zu reden sein. Niemand hat gesagt, daß wir die Prüfung in allen Fächern mit eins bestehen. Aber wenn wir es gar nicht erst versuchen, uns immer nur in wechselseitigen Schuldzuweisungen ergehen, nicht ständig nach Partnern für die Lösung der gesellschaftlichen Hausaufgaben suchen, werden wir alle sitzenbleiben. Deshalb muß vor allem die, nicht zu unrecht in der Kritik stehende, Parteipolitik modernisiert werden.
Nicht nur die Parteien stehen auf dem Prüfstand. Es ist unser aller Versagen, daß 17 Menschen im Lauf des Jahres 1992 von Rechtsextremisten ermordet wurden, Menschen, deren Leben wir nicht haben schützen können. Dieser rechte Terror im vereinten Deutschland richtet sich nicht etwa nur gegen Asylbewerber – das zeigen die Morde an den drei Türkinnen in Mölln, aber auch der Mord an Gustav Schneeclaus, der von Skinheads erschlagen wurde, weil er Hitler einen Verbrecher genannt hatte. So unbarmherzig dieser rechte Terror bekämpft werden muß, so deutlich müssen wir uns vor Augen führen, daß man verwirrte Köpfe nicht mit dem Polizeiknüppel entwirren kann. Offenbar ist der jahrhundertealte Mechanismus noch immer nicht überwunden, nach Sündenböcken zu suchen, wo Ungerechtigkeit herrscht, derer man nicht habhaft wird. Solange in Deutschland Arbeit, Einkommen und Wohnungen ungerecht verteilt sind, solange werden auch die Rechtsextremisten mit ihrer Minderhei-

tenhetze Gehör finden. Unser Kampf gegen Fremdenhaß und rechten Terror wird Stückwerk bleiben, wenn er nicht auch ein Kampf um mehr Gerechtigkeit ist. Ohne Sympathisanten im gesellschaftlichen Zentrum, ohne Sympathien in Rostock und auch an manchem Stammtisch hätten die rechten Mordbanden keine Chance.

Hier ist die demokratische Gesellschaft, weit über die Parteien und Regierungen hinaus, gefragt. Das betrifft unseren Umgang mit Jugendlichen, die schulische oder familiäre Probleme haben, Probleme mit ihrer Anerkennung in der Gesellschaft. Jugendliche, die diese Anerkennung und Geborgenheit in brutalen Männerbünden suchen, wenn wir ihre Hilfeschreie weiter ignorieren. Das betrifft, schließlich und vor allem, die Gesellschaft selbst. Wenn sie es zuläßt, daß im Namen einer schweigenden Mehrheit Fremdenhaß propagiert und Gewalt angewendet wird, haben wir allen Anlaß, uns um das Ansehen der Demokratie Sorgen zu machen, innerhalb wie außerhalb Deutschlands.

Die Signale der letzten Monate sind durchaus ermutigend. Wenn, wie in München, Hannover und anderswo, Hunderttausende von Bürgern gegen Rechtsextremismus auf die Straße gehen, auf eigene Initiative hin, ohne die Mitwirkung mächtiger Institutionen – dann sind das Anzeichen dafür, daß die Menschen die Demokratie in die eigenen Hände nehmen. Wenn das mehr als ein Strohfeuer bleibt, dann hätten wir die Reifeprüfung in einem Hauptfach schon bestanden.

Ein notwendiger Nachsatz noch zu den Vorsätzen dieses Buches: Hier soll erzählt werden aus der politischen Praxis und von den Erfahrungen, die einer macht, der sich in politischen Konstellationen versucht, an die wir noch vor zehn Jahren nicht im Traum gedacht hätten. Dabei ist von praktischer Vernunft die Rede, weniger von der Philosophie ihrer Kritik. Es werden aus den Herausforderungen des politischen Alltags Reformziele entwickelt, weniger ein Programm für die Gesellschaft der Zukunft.

Erzählen, wie man Reformpolitik anpacken kann, mit welchen Schwierigkeiten und Erfolgserlebnissen das verbunden ist, und was wir aus diesen Erfahrungen vielleicht lernen können, von mir aus auch bundespolitisch – das will dieses Buch. Nicht mehr. Aber auch nicht weniger.

Reformpolitik auf der Teststrecke

Im Mai 1991, fast auf den Tag genau ein Jahr nach der von SPD und Grünen gewonnenen Landtagswahl, stellte das niedersächsische Kabinett, durchaus zum Erstaunen der Öffentlichkeit, zwei Projekte vor, die man nach landläufigem Verständnis einer rot-grünen Regierung wohl am allerwenigsten zugetraut hätte. Und doch waren es gerade diese beiden Vorhaben, die aus meiner Sicht am ehesten geeignet waren, eines der wichtigsten Versprechen der Reformkoalition einzulösen: Ökologie und Ökonomie miteinander in Einklang zu bringen. Zum einen ging es um den im Kabinett einstimmig gefaßten Beschluß, die notwendigen Verfahrensschritte für die Prüfung des Baus einer Mercedes-Benz-Teststrecke bei Papenburg einzuleiten. Im Gegenzug verpflichtete sich die Daimler-Benz AG zu Kompensationsmaßnahmen im Bereich des Natur- und Artenschutzes, die weit über ihre rechtlichen Verpflichtungen hinausgingen. Das zweite Projekt betraf die Gründung einer »Niedersächsischen Energieagentur«, die das Land Niedersachsen gemeinsam mit der VEBA betreibt, dem zweitgrößten Energiekonzerns Deutschlands, dessen Tochter PreussenElektra 70 Prozent des in Niedersachsen erzeugten Stroms in Atomkraftwerken produziert. Die langfristigen, positiven Auswirkungen dieser Zusammenarbeit sollten dann im Dezember 1992 spürbar werden, als sich die Chefs der Stromversorgungsunternehmen VEBA und RWE in einem Brief an den Bundeskanzler, der wohl nicht zu unrecht als Zeichen eines »Kurs-

wechsels« interpretiert wurde, für ein »geordnetes Auslaufen der heute genutzten Kraftwerke« aussprachen. Im Klartext sind wir damit unserem Regierungsziel, aus der Atomenergie auszusteigen, ein gewaltiges Stück nähergekommen.
Gewiß, die Teststrecke war ein Stolperstein für die Zusammenarbeit zwischen SPD, Grünen und dem beteiligten Unternehmen. Diesen Stolperstein aus dem Weg geräumt zu haben, ist ein Beweis dafür, daß das Reformbündnis funktioniert und durchaus Zukunft hat. Es ist auch ein Beweis dafür, daß der ökologisch orientierte Umbau unserer Industriegesellschaft sehr wohl gemeinsam mit der Wirtschaft zu bewerkstelligen ist – wenn beide Seiten sich bewegen. Über die Versöhnung von Ökologie und Ökonomie, das zeigen die Beispiele Teststrecke und Energiekonsens, kann man nicht nur reden, man kann sie auch realisieren.
Der Beschluß über die Mercedes-Teststrecke war zweifellos für die Grünen nicht ganz leicht verdaulich. Schließlich hatte der jahrelange Widerstand von Anwohnern und Umweltschützern gegen eine solche Teststrecke in Boxberg zu den landespolitischen Erfolgen der Grünen in Baden-Württemberg erheblich beigetragen. Und nicht nur das Symbol »Teststrecke« war für die Grünen so etwas wie eine Identitätsfrage; zu den Prinzipien der Grünen gehört es eben auch, Zeichen gegen den Autoverkehr insgesamt zu setzen. Schließlich spielt für die Grünen und viele ihnen nahestehende Wähler und Verbände gerade die Daimler-Benz AG mit ihrem Engagement in der Rüstungsproduktion eine nicht zu unterschätzende Buhmann-Rolle.
Auch die SPD tanzt, selbst wenn das bei manchen meiner Parteifreunde manchmal so wirkt, beileibe nicht um das Auto wie um ein Goldenes Kalb. Auch die SPD hat ihre Probleme mit manchen Aktivitäten des Gemischtwarenkon-

zerns Daimler im militärischen Bereich. Andererseits ist das Auto ein wichtiger Teil der Industriegesellschaft und aus ihr vorerst nicht wegzudenken. Wir brauchen vielmehr bessere, integrierte Verkehrssysteme und umweltfreundlichere, sicherere Autos. Diese produzieren zu helfen, scheint eine Teststrecke nun allerdings vernünftiger als nächtliche Bremstests auf der Autobahn – wie sie Mercedes derzeit noch durchführt.

Bei der Prüfung des von Mercedes an uns herangetragenen Standortwunsches mußte es vor allem darum gehen, ein solches Projekt nicht juristisch, sondern ökologisch zu legitimieren. Das hat unsere Verhandlungspartner zunächst erstaunt, sie begriffen jedoch rasch, daß es anders nicht gehen würde. Die drei Hausjuristen brachte der Mercedes-Projektleiter lediglich zur ersten Besprechung mit, danach nicht wieder. Weiterhin stand für uns unverrückbar fest, daß wir erstens keinen Pfennig an Subventionen zahlen würden – auch nicht über einen verbilligten Preis für das zu erwerbende, großteils im Landesbesitz befindliche Areal. Zweitens würde Mercedes umfangreiche Kompensationsmaßnahmen im Bereich des Naturschutzes leisten müssen. Drittens mußte von vornherein sichergestellt werden, daß nicht nur die Regierungsfraktionen in jede Phase der Verhandlungen einbezogen sein würden, sondern daß auch die Umweltverbände ständig informiert würden.

In der Sache ging es darum: Die Daimler-Benz AG wollte in einem abgetorften Moorgebiet bei Papenburg im Emsland eine 12,8 Kilometer lange und etwa 130 Hektar große Kfz-Teststrecke errichten. Dieses Ansinnen war schon der vorherigen CDU/FDP-Landesregierung mitgeteilt worden, die offenbar versprochen hatte, »keine Schwierigkeiten zu machen«. Die zuständige Bezirksregierung Weser-Ems begleitete das Verfahren ausgesprochen wohlwollend, eher als Proforma-Angelegenheit; der Bürgermeister von Papenburg freute sich schon auf die Gelder für den Bau von Schwimmbad oder Kindergarten, die in solchen Fällen umstrittener Industrieanlagen regelmäßig fällig werden. Überhaupt noch nicht zur Sprache gekommen war das Problem, daß hier weitere 130 Hektar Moorfläche versiegelt werden sollten; ebensowenig, daß eine Abstimmung mit der Verkehrspolitik des Landes auch nicht im Ansatz stattgefunden hatte.

Bei uns wurde zunächst das Umweltministerium beauftragt, die notwendige Umweltverträglichkeitsprüfung des Projekts zu begleiten. Ziel war dabei keineswegs, das Vorhaben grundsätzlich zu be- oder gar verhindern, sondern der Planung eine ökologische Dimension zu geben. Den Vertretern von Mercedes wurde deutlich gemacht, daß die Umweltverbände von Beginn an in die Diskussion einbezogen werden müßten. Mit deren Argumenten hätten sie sich ohnehin auseinanderzusetzen; es sei also besser, dies bei der Planung gleich zu berücksichtigen, anstatt im nachhinein entsprechende Änderungen vornehmen zu müssen – was im übrigen stets die teuerste Planungsvariante ist. Außerdem gaben wir der Mercedes-Projektleitung zu verstehen, mit einer rotgrünen Regierung werde der Prozeß bis zur Entscheidung zwar schwieriger und womöglich konfliktreicher als mit einer Regierung, die weniger Wert auf Umweltaspekte legt. Sei aber erst einmal eine positive Entscheidung gefallen, wäre das mit Sicherheit eine verläßlichere Grundlage als unter anderen Konstellationen. Wenn auch Mercedes bereit sei zur Offenheit und dazu, mögliche Konflikte bereits im Vorfeld zu thematisieren und auszutragen, wären die Akzeptanzprobleme nach einer Entscheidung naturgemäß viel geringer. Unsere Verhandlungspartner haben das gut ver-

standen; in der Folgezeit haben die Mitarbeiter des Unternehmens laufend, und gelegentlich sogar von sich aus, mit Umweltverbänden und Gegnern des Projekts gesprochen.
Innerhalb der Koalition war die Diskussion mit den Grünen erwartungsgemäß die größte Hürde. (Es gab auch eine andere Sorte von Schwierigkeiten, von der mir mit dem Projekt betreute Mitarbeiterinnen und Mitarbeiter der Staatskanzlei immer wieder berichteten: daß es nämlich einigen Verwaltungsbeamten offenbar sehr schwer fiel, das Verfahren wirklich neutral zu begleiten und sich nicht als Servicebetrieb für die Industrie zu verstehen. Auf dieses immer wiederkehrende Problem soll später eingegangen werden.) Der Widerstand der Grünen, von denen einige anfangs das Projekt Teststrecke sogar mit der Koalitionsfrage verbinden wollten, gründete sich zuerst und in erster Linie auf Naturschutzgedanken. Spätestens seit einer Besuchsreise der Umweltarbeitskreise von SPD und Grünen zum fraglichen Gelände war allen Beteiligten klar, daß sich ein schlimmerer Raubbau an der Natur als die weitere Abtorfung, die auf dem Gelände noch bis zum Jahr 2005, teilweise sogar bis 2030, genehmigt war, kaum vorstellen läßt. Auch die von uns beauftragten Gutachter der »Deutschen Projekt Union« folgerten wie wir, daß die Versiegelung der Teststrecke durch Entsiegelung anderer Flächen zu kompensieren sei. Ferner müsse ein Ersatz gefunden werden für den Wegfall der Möglichkeit, das Papenburger Gelände nach Ende der Abtorfung zu renaturieren; das heißt, Mercedes würde an anderer Stelle gleichwertige Moorgebiete wiederherstellen müssen.
Für die Grünen ging es auch um das verkehrspolitische Signal. Schon im September 1990 kam die Sache im Koalitionsausschuß zur Sprache – einem Gremium, das sich zur Konfliktregelung übrigens hervorragend bewährt hat. Die

Grünen wollten einen »großen Schritt weg von der Autogesellschaft«, ihre Fraktionsvorsitzende Thea Dückert hat denn die positive Entscheidung auch als »politische Niederlage« gewertet – obwohl »sich das Ergebnis unter ökologischen Gesichtspunkten durchaus sehen lassen« könne. Tatsächlich konnten mit Mercedes-Benz am Ende erheblich höhere Kompensationsmaßnahmen ausgehandelt werden, als dem Unternehmen wegen des Verbrauchs von 130 Hektar Moorfläche hätte abverlangt werden können – ein weiterer Beleg dafür, daß auch profitorientierte Unternehmen den Umwelt- und Naturschutz durchaus als eigene Aufgabe begreifen können.

Natürlich nehme ich die Argumente meines Koalitionspartners sehr ernst. Angesichts der Raserei auf unseren Straßen, der unzähligen Verkehrsopfer und der enormen Umweltbelastung, die der Individualverkehr mit sich bringt, kann auch ich den Wahn nicht nachvollziehen, immer größere und schnellere Autos haben zu müssen. Die Fortbewegung der Menschen, nachgerade in unseren ohnehin verstopften Städten, kann auch nicht ad infinitum so aussehen, daß jeweils ein Fahrer im Mittelklassewagen noch die kürzesten Wege erledigt. Nur zählt ein gewisses Interesse an Mobilität zu den Grundbedürfnissen unserer Gesellschaft; die Parole kann nicht lauten, keine Autos mehr zu bauen – das wäre insbesondere für die Bewohner eines Flächenstaats wie Niedersachsen schlicht unzumutbar –, sondern bessere Autos zu bauen und sie vernünftiger zu nutzen. Einen Ausstieg aus der Autoproduktion insgesamt wird es mit mir nicht geben. In den Gesprächen mit den Grünen, die weit öfter direkt und persönlich geführt wurden als in den offiziellen Vermittlungsgremien, ging es mir also darum, die Schmerzgrenze für die SPD so zu ziehen, daß sie eine symbolische, gegen

das Auto ganz allgemein gerichtete Politik nicht mitmachen würde. Andererseits habe ich mit den Grünen verabredet, daß sie ganz besonders gefordert sein würden, das Projekt Teststrecke in einen ökologischen und verkehrspolitischen Zusammenhang einzubetten, denn das war uns allen ja erheblich wichtiger als 300 Arbeitsplätze oder der Erlös aus dem Verkauf eines Grundstücks. Da die Grünen in jede Phase der Projektentwicklung einbezogen waren, hatten sie Gelegenheit, ihre Forderungen zu präzisieren; das, was wir am Ende mit Mercedes ausgehandelt haben, ist ganz wesentlich auch auf »grünen Mist gewachsen«.
Im einzelnen sieht das so aus, daß die Daimler-Benz AG unmittelbar auf dem 870 Hektar großen Baugelände 580 Hektar für den Artenschutz herrichten wird. Ferner verpflichtet sich der Automobilhersteller, an anderem Ort im Raum Weser/Ems weitere 400 Hektar Moorfläche zu renaturieren. Schließlich fließen Mittel in Höhe des Erlöses aus dem Landverkauf in die Finanzierung eines Pilotprojekts für den Öffentlichen Personennahverkehr. Ich kann meiner grünen Verhandlungspartnerin Thea Dückert nur beipflichten: Ein Ergebnis, das sich ökologisch sehen lassen kann.
Und nicht nur das: Diese politische Probefahrt hat gezeigt, daß es möglich ist, mit Wirtschaftsunternehmen konstruktiv zusammenzuarbeiten – auch und gerade wenn man in Sachen des Umwelt- und Naturschutzes nicht mit sich handeln läßt. Im politischen Endergebnis ist das Bündnis zwischen SPD und Grünen nicht nur nicht belastet, sondern stabilisiert worden: Der Kabinettsbeschluß erging einstimmig, und auf einer kurz darauf stattfindenden Landesversammlung der Grünen hat die Mehrheit es abgelehnt, wegen dieses Beschlusses die Koalition platzen zu lassen. Einige Sozialdemokraten, denen hauptsächlich an den Ar-

beitsplätzen gelegen war, haben gelernt, daß niemand etwas davon hat, wenn man ökologische Positionen wie auf dem Basar gegen ein paar Jobs eintauscht. Beide Partner in der Koalition wie auch die beteiligten Unterhändler haben schließlich auch eine Menge gelernt darüber, wie sehr es auf so scheinbar einfache Dinge ankommt wie Zuverlässigkeit und stetige Verständigungsbereitschaft.

Reden ist Gold –
Die Politik des Diskurses

Welcher Politiker hätte nicht schon von sich behauptet, er wolle »Politik *mit* den Menschen machen«. Auch über meiner ersten Regierungserklärung steht dieses Motto, dick unterstrichen, und das gewiß nicht aus Mangel an Phantasie. Erstaunt hat viele Leute dann allerdings, wie ernst wir diese Maxime nehmen. Stilfragen sind eben, insbesondere in unserer Zeit neuer Herausforderungen, keine Fragen der Etikette, und wer einen anderen, kommunikativeren Stil propagiert oder einfordert, der sollte am besten selbst damit beginnen.

Ich hatte immer eine Neigung, lieber selbst zu entscheiden und hinterher zu erklären. Nie hätte ich mir träumen lassen, daß ich wesentliche Teile meiner Arbeitszeit damit verbringe, Gespräche zu führen, meine Meinung zu erläutern, die Gegenargumente zu hören – überhaupt zuzuhören –, bis man dann zu möglichst einvernehmlichen Lösungen kommt. Aber mit einer Politik *per ordre du mufti*, mit autoritärem oder arrogantem Gehabe ist gerade in einer so spannenden Koalition wie der zwischen SPD und Grünen kein Blumentopf zu gewinnen. Hätten wir im Umgang miteinander nicht neue, wahrhaft kollegiale Umgangsformen gefunden – der Dauerkrach im Regierungsbündnis wäre vorprogrammiert. Wohin das führt, sieht man nicht nur am gegenwärtigen Zustand der Bonner Koalition; auch das Scheitern der rot-grünen Koalition in Berlin ist ein beredtes Zeugnis dafür. Von einer Landesregierung erwarten die Menschen nicht, daß sie sich dauernd streitet, sondern daß sie die landespolitischen Probleme löst, sich um Lehrer und Kindergartenplätze kümmert. Wenn eine Landesregierung den Eindruck erweckt, ihre Mitglieder könnten nicht miteinander umgehen, dann kann sie auch nicht vermitteln, daß die Interessen der Bürger im Mittelpunkt ihrer Politik stehen. Auch in Niedersachsen haben wir unsere Konflikte, aber wir haben uns von Anfang an bemüht, sie intern zu lösen, damit die Regierung nicht in zwei oder mehr Teile zerfällt, sondern als einheitliche Kraft wahrgenommen wird und auch handelt.

Das heißt nicht, daß man sich nicht streiten, nicht um Meinungen und Standpunkte kämpfen soll – im Gegenteil: Interessenausgleich ist gar nicht denkbar, wenn man die jeweiligen Interessen nicht zunächst klar formuliert hat. Nur muß man gegenseitige Interessen auch respektieren und darf niemandem den Eindruck vermitteln, er dürfe bloß, sozusagen formal, die üblichen Einwände vortragen.

Dabei geht es keineswegs nur um das Klima innerhalb einer Regierungskoalition. Um eine alte, längst nicht eingelöste Forderung Willy Brandts aufzugreifen: Mehr Demokratie wagen heißt heute vor allem, eine Politik des gesellschaftlichen Diskurses zu betreiben. Diese Einladung richtet sich an alle gesellschaftlichen Gruppen, auch außerhalb der traditionellen Parteien, Institutionen und Verbände. Sie richtet sich an die Koalition selbst und die an ihr beteiligten Parteien sowie nicht zuletzt auch an den Verwaltungsapparat, der schließlich dazu da ist, Politik für die Bürger umzusetzen, also eine dienende Funktion bekommen muß. Bedingung eines solchen Diskurses ist die unmittelbare Ebenbürtigkeit der Beteiligten, setzt also den Verzicht auf Herrschaftswissen, Mauschelei und Übervorteilung voraus. Und: Selbst wenn am Ende nur der »Konsens über den Dissens« steht, sind doch Möglichkeiten gemeinsamen Handelns nicht ausgeschlossen. Das Beispiel der Energieagentur illustriert das – wie sonst könnte man sich einen ausgewiesenen Atomkraftgegner an der Spitze einer von der Atomindustrie mitfinanzierten Institution vorstellen. Wie sonst könnte ausgerechnet eine rot-grüne Landesregierung gemeinsam mit einem Atomstrom-Unternehmen den Bau eines Großkraftwerkes betreiben – eines Gaskraftwerkes in Stade nämlich, das den dortigen Kernreaktor ablösen soll.

Wer es mit einer solchen Strategie ernst meint, für den wird Politik aufwendiger und zeitintensiver. Aber sie wird auch erfolgreicher, die Möglichkeit von Fehlentscheidungen wird verringert, und die demokratische Legitimation erhöht sich beträchtlich. Ganz unabhängig von der Verfassungsdiskussion um die Einführung plebiszitärer Elemente läßt sich schon mit den heute zur Verfügung stehenden Mitteln eine beträchtliche Demokratisierung erreichen und den Bürgern das Gefühl vermitteln, sie seien nicht bloß einmal alle vier Jahre um ihre Meinung gefragt.

Ich will nicht leugnen, daß gerade die Arbeit in einer Koalition zweier so heterogener, streitbarer Parteien die Erkenntnis von der Notwendigkeit der politischen Verständigung auf allen Ebenen gefördert hat. Nur durch ständige Kommunikation auch außerhalb der offiziellen Verhandlungskommission – in den Untergruppen etwa, wodurch eine Vielzahl von Abgeordneten und Mitarbeitern beider Fraktionen einbezogen werden konnten; aber auch in Einzelgesprächen – mit Thea Dückert, Jürgen Trittin, Hannes Kempmann und anderen Grünen, dem SPD-Landesvorsitzenden Johann Bruns oder Gerhard Glogowksi, aber auch den parteilosen Kabinettsmitgliedern – konnte der Koalitionsvertrag in

einer Rekordzeit von drei Wochen ausgehandelt werden. Noch während der Koalitionsverhandlungen zum Beispiel bin ich gemeinsam mit der grünen Fraktionsvorsitzenden Thea Dückert nach Hamburg gefahren, um mit Bürgermeister Voscherau die Gespräche über eine künftige Hafennutzung an der Elbmündung aufzunehmen. Weil alle Seiten so frühzeitig in den Entscheidungsprozeß einbezogen waren, konnten wir uns bereits im Januar 1991 mit Hamburg einigen: Statt, wie von der vorherigen niedersächsischen Regierung geplant, auf wertvollen Naturflächen in Cuxhaven-Groden einen neuen Hafen zu bauen, übernehmen wir den Hamburg gehörenden Amerikahafen, gewissermaßen Hamburger Kolonialbesitz in Niedersachsen, und revitalisieren so eine Industriebrache, statt die von uns gewollte Mehrzweckumschlaganlage auf der grünen Elbwiese neu zu bauen. Gleichzeitig führte dieses Ergebnis ein Stück weit weg von der absurden Kleinstaaterei in Norddeutschland.
Man hätte das auch anders handhaben können, im durchaus üblichen Wege öffentlicher Verlautbarungen und Schuldzuweisungen etwa. Man hätte aus der Ferne und empört auf die »arrogante« Hamburger Forderung reagieren können, in Cuxhaven keinen Containerhafen zu bauen. Man hätte mit bestehenden Verträgen oder Arbeitsplatzargumenten gegen die Grünen polemisieren können und beiden Seiten gegenüber zumindest so tun, als wolle man den Hafen in Groden doch bauen. Derlei Spiegelfechterei ist meine Sache nicht, und die Strategie, durch Früherkennung Konflikte zu vermeiden, hat sich sehr wohl bewährt. Wenn das Koalitionsklima in Niedersachsen weitgehend mustergültig ist, dann nicht deshalb, weil die Grünen in Niedersachsen weniger grün, die Sozialdemokraten weniger rot wären als anderswo. Vielmehr bemühen wir uns, Entschei-

dungsgrundlagen so breit wie möglich anzulegen und niemandem das Gefühl zu geben, er werde über den Tisch gezogen. Auch im Kabinett herrscht inzwischen Konsens darüber, daß niemandem damit gedient ist, wenn Regierungsmitglieder einander das Leben schwer machen, indem sie sich gegenseitig mit Briefen bombardieren, streng auf dem Dienstweg natürlich. Die allermeisten Konflikte können, wenn sie rechtzeitig erkannt sind, am Telefon oder durch persönliche Gespräche ausgeräumt werden. Meine Grundregel dabei lautet: Alles, was formalisiert ausgetragen werden muß, ist im Konfliktfall eher von Übel. Das mag nicht ins preußische Bild förmlicher Administration passen und überhaupt nicht in manches konservative Weltbild; die Praxis hat aber gezeigt, daß wir nur so auf einen »grünen« Zweig kommen und dem wachsenden Verdruß an der Politik Einhalt gebieten können.

Es kann allerdings nicht angehen, daß der Diskurs die soziale Integration ersetzt. Unlängst schrieb mir eine junge Frau aus einer Kleinstadt. Sie war im siebten Monat schwanger und schlief bei Freunden auf dem Sofa, weil der Vater des Kindes sie verlassen hatte und damit auch der Mietvertrag für die neue Wohnung geplatzt war. Im Rathaus riet ihr der stellvertretende Gemeindedirektor, an den sie sich in ihrer Not gewandt hatte, sie möge sich »nicht schämen, in Todesanzeigen zu lesen und bei betroffenen Familienanhörigen nachfragen, ob eventuell durch den Todesfall eine Wohnung freigeworden wäre«. Unter solchen Prämissen wird Diskurs natürlich zum Hohn, auch wenn der dortige Beamte sein Verhalten vermutlich als besonders »bürgernah« empfindet. Auch wenn wir zweifellos eines der reichsten Länder der Erde sind, waren die sozialen Unterschiede in der Bundesrepublik noch nie so kraß wie heute. Wovon, bitte, soll

eine kranke Verkäuferin 330 Mark Krankenhaus-Eigenbeteiligung im Monat bezahlen, zumal wenn sie nur noch 80 Prozent ihres Lohnes als Krankengeld bekommt.
Ein gesellschaftlicher Konsens, den wir dringender denn je brauchen, läßt sich auf den Fundamenten grober Ungerechtigkeit nicht herstellen. Aber Ungerechtigkeit läßt sich auch nicht beseitigen durch Beharren auf hergebrachten Formen und Privilegien. Wenn der Unmut der Mitglieder in der Gewerkschaft ötv über den letztjährigen Tarifabschluß so groß ist, daß sie das Tarifergebnis in einer Urabstimmung ablehnen – was ich nachvollziehen kann, weil der Abschluß vielen von denen, die gestreikt haben, gerade mal 100 Mark mehr im Monat bringt –, dann möge die Gewerkschaft bitte auch bedenken, daß derselbe Tarifabschluß jemandem in meiner Einkommensklasse an die 1000 Mark mehr beschert. Hier muß also auch an der Struktur von Tarifabschlüssen und -forderungen gearbeitet werden, damit die unteren Einkommensgruppen nicht noch weiter benachteiligt werden. Wenn andererseits die ötv oder die GEW, in deren Bereich unsere Landesregierung mehr getan hat als in jedem anderen Ressort, sich in Niedersachsen als Opfer von Rot-Grün darstellt, dann erlaube ich mir, das nicht ganz ernst zu nehmen. Gerade angesichts der enormen Herausforderung, die soziale Integration der ostdeutschen Bundesländer zu bewerkstelligen, darf die Suche nach gesellschaftspolitischen Lösungen weder vor Parteigrenzen haltmachen noch vor den Erbhöfen angestammter Interessen.
Dazu müssen wir auch die Kultur des Diskurses erlernen und einüben. Ich werde nie vergessen, wie nachgerade schockiert der Mercedes-Projektleiter für die Papenburger Teststrecke nach den ersten Gesprächen mit Grünen und Umweltverbänden reagierte. Ob das bei uns immer so sei,

fragte er ungläubig, daß jeder mitreden und auch die abwegigsten Argumente (etwa: Mercedes sei ein Rüstungskonzern, der seine politischen Interessen durch Bestechung durchsetze ...) vorbringen dürfe. Gerade dieser Projektleiter, ein begeisterter Hobbyjäger mit stark ausgeprägtem Naturschutzverständnis, hat dann im Verlauf der Auseinandersetzungen, auch anläßlich einer späteren Platzbesetzung, ein beinahe seismographisches Gespür für die Stimmungen seiner Gesprächspartner entwickelt und sich auch durch direkte Anwürfe nie provozieren lassen. Auf der anderen Seite kehrten Mitarbeiter der Staatskanzlei von einem Gespräch auf dem inzwischen von Jugendlichen besetzten Gelände zurück mit der Einschätzung, man habe sich zwar nicht einigen können, wohl aber hätten die Protestierenden eingeräumt, daß wir mit offenen Karten spielen und unsere Argumente keineswegs an den Haaren herbeigezogen wirkten. (Voraussetzung war natürlich auch, daß wir bewußt eine Deeskalation betrieben haben; das besetzte, dem Land gehörende Gelände, also nicht haben räumen lassen.)

Mindestens ebenso hohe kulturelle Schranken trennen etliche Mitarbeiter des Regierungsapparates noch immer von einer diskursiven Politik. Das ist im Einzelfall niemandem persönlich zum Vorwurf zu machen. Anders als in den USA wird bei uns bekanntlich mit einem Regierungswechsel nicht gleich die ganze Mannschaft ausgetauscht, statt dessen behalten bis auf wenige, höherrangige Ausnahmen, die meisten Regierungsbeamten ihren Posten, auch wenn die politischen Vorgaben sich grundlegend geändert haben. In der britischen Satire-Serie *Yes, Minister* werden die daraus folgenden Konflikte sehr schön veranschaulicht, nach dem Motto: »Minister kommen und gehen, einzig die Verwaltung bleibet bestehen.« In der Satire sind es denn auch die

Referenten und Staatssekretäre, die dem eigenen Verständnis nach die Stabilität der Regierung gewährleisten müssen – um den Preis, die Politik an Neuerungen zu hindern.
Ich will beileibe keinem meiner Regierungsbeamten unterstellen, ein ehrenwerter Sir Humphrey Applebee aus besagter TV-Serie zu sein. Aber daß unser Regierungsstil vielen eine völlige Umstellung ihrer bisherigen Arbeitsweise abverlangt, würden wohl auch die Beteiligten kaum abstreiten. Das betrifft zum einen die Offenheit der Strukturen – nicht jeder Beamtin und jedem Beamten ist es gleich selbstverständlich, daß wir versuchen zuzuhören, unsere Schlüsse zu ziehen aus dem, was vorgetragen wird, die Menschen einzubinden in die Entscheidungsprozesse und sie wirklich zu beteiligen. Ich erinnere mich beispielsweise einigen Ärgers, den es um eine Mitarbeiterin der Staatskanzlei gab, die mich über die Projekte, die sie betreute, oft genug persönlich informierte. Bei einem der beteiligten Staatssekretäre führte das zu einem erregten Brief, in dem er, in schönstem Beamtendeutsch, der Mitarbeiterin vorwarf, sie mache ungebührlich von ihrem »Immediatvortragsrecht beim MP«, also beim Ministerpräsidenten, Gebrauch und möge doch fürderhin auch bei der kleinsten Mitteilung den Dienstweg einhalten. Bei den Verhandlungen um die Teststrecke hatten wir in einer bestimmten Phase das Problem, daß die zuständigen Ressortministerien sich übergangen fühlten, weil die Staatskanzlei das Projekt maßgeblich betrieben hatte – bis hin zu einer gewissen Blockade nach dem Muster: Das hat die Staatskanzlei ausgeheckt, nun soll die es auch ausbaden. Ergebnis war dann zum Beispiel, daß wir mit den Studien für das Nahverkehrs-Pilotprojekt längst nicht so zügig vorangekommen sind, wie das wünschenswert gewesen wäre.
Das sind wahrscheinlich eher »Kinderkrankheiten«. Wenn

sich der Ministerpräsident, weil er von einer Panne im kommunikativen Prozeß erfahren hat, direkt einschaltet, reagieren manche Beamte darauf immer noch wie auf eine Störung des Betriebsfriedens und suchen, wie früher in der Schule, die »Petze«, die das dem Boß verraten hat. Die weitaus meisten Erfahrungen zeigen jedoch, daß die Vermittlung einer diskursiven Politik auch in der Verwaltung auf das Interesse stößt, sich als Dienstleistungsbetrieb und Servicebehörde für den Bürger zu begreifen.

Gravierender sind dann auch die Fälle, wo dieser Servicegedanke einseitig übertrieben wird. Dies betrifft vor allem die Wirtschaftspolitik, wenn auch beileibe nicht nur das gleichnamige Ministerium. Offenbar hatte sich unter unseren Amtsvorgängern ein Staatsverständnis durchgesetzt, demzufolge die Landesregierung eigentlich Erfüllungsbehörde der interessierten Unternehmen zu sein hatte. Schon die Vorstellung, etwa ein Industrievorhaben nicht bloß wohlwollend zu begleiten, sondern wirklich neutral und auch unter Einbeziehung möglicher Einwender zu behandeln, erweckte manchenorts ungläubiges Erstaunen. Ähnlich erging es uns mit der Verfassungsschutzabteilung des Innenministeriums, die, unter anderem durch den fingierten Bombenanschlag auf das Celler Gefängnis, vor unserer Amtsübernahme einigermaßen ins Zwielicht geraten war. Einer meiner Mitarbeiter schilderte eine Szene, in der sich Beamte jener Abteilung bei ihm beschwerten, wenn das neue, von der rot-grünen Koalition eingebrachte, Verfassungsschutzgesetz in Kraft träte, dürften sie ja nicht mehr abhören und keine Wanzen mehr anbringen. Auf seinen Vorhalt, dies sei auch bislang verboten gewesen, reagierten die Beamten mit völligem Unverständnis. Einzelfälle, sicherlich. Aber in der Tendenz muß jedem, der Regierungs-

verantwortung übernimmt, klar sein, daß die besten Anweisungen und die schönsten Gesetze nichts nützen, wenn Politik wie bisher verwaltet, die Paragraphen- und Dienstwegkultur nicht ab-, sondern ausgebaut wird.
Selbstverständlich hat es auch bei uns, auch bei mir Pannen gegeben auf dem Weg zu einer diskursiven Politik. Die Entscheidung des Wirtschaftsministeriums, im September 1990 den Hauptbetriebsplan für die Schachterkundung in Gorleben und damit die weitere Abteufung zu genehmigen, ist ohne Diskussion mit den Beteiligten und Betroffenen in der Region ergangen – eine bürokratische, keineswegs diskursive Maßnahme, die uns auch prompt Ärger einbrachte. In einem anderen Fall habe ich selbst den Pfad der Tugend verlassen, als mich, im August 1990, Leopoldo Pirelli bat, kurzfristig mit mir über eine Übernahme der hannoverschen Continental AG durch den italienischen Reifenkonzern zu reden. Ich habe zugesagt und es versäumt, vorher mit Firmenleitung und Betriebsrat zu sprechen. Da habe ich zwar nach dem Verstand gehandelt – auch der neue Continental-Vorstandsvorsitzende und andere Experten sprechen sich inzwischen für eine solche Kooperation aus –, aber zu wenig nach dem Instinkt und nach den mir selbst gesetzten Prinzipien.
Einen weiteren Prinzipienverstoß, um den es in der Öffentlichkeit allerlei Wirbel gegeben hat, war die Frage des Baus von U-Booten für Taiwan. Über die Genehmigung eines solchen Auftrags haben nicht das Land und der Ministerpräsident zu entscheiden, sondern Bundesregierung und Bundessicherheitsrat, die inzwischen ja auch dagegen votiert haben. Aber ich habe, gemeinsam mit anderen Regierungschefs der norddeutschen Bundesländer in Bonn signalisiert, daß wir eine solche Genehmigung mit Blick auf die enorm

angespannte Beschäftigungssituation auf den norddeutschen Werften begrüßen würden. Mit dieser Position stand ich in Widerspruch nicht nur zu Parteitagsbeschlüssen der SPD, der Grünen sowieso, sondern auch der Kabinettslinie. In diesem Einzelfall zu einer gegenteiligen Auffassung gelangt zu sein, bereue ich keineswegs, sie war Ergebnis eines Abwägungsprozesses in einem Zielkonflikt, denn Landesregierungen sind keine Apparate zur bequemen Umsetzung von Parteitagsbeschlüssen. Der Vorwurf, den ich mir in dieser Angelegenheit zu machen habe, läuft darauf hinaus, die Regeln der Kommunikation verletzt zu haben: Ich bin zwar auf öffentlichen Veranstaltungen für meine Position eingestanden, habe aber den Dialog in der Öffentlichkeit, in der Partei und auch innerhalb der Koalition zu wenig offensiv gesucht. Das war Mist.

Was an dieser Sache allerdings geheimnisvoll oder der Klärung durch einen parlamentarischen Untersuchungsausschuß bedürftig sein soll, ist nicht nur mir schleierhaft. Aber mitansehen zu müssen, wie ausgerechnet dieselben, die sonst bei jeder Gelegenheit für deutsche Militäreinsätze werben, sich plötzlich als Mahner für die Einhaltung pazifistischer Prinzipien profilierten, hat schon deutlich gemacht, daß man allseits in diesem Fall erheblich offenherziger hätte diskutieren müssen.

Andere Grenzen des Diskurses werden nicht von uns gesetzt, sondern von, mit Verlaub, Mächtigeren. Wenn dem Bundesumweltminister die Argumente zur Begründung seiner Entsorgungspolitik ausgehen, reagiert er regelmäßig mit Bundesanweisungen an unser Umweltministerium. Natürlich müssen wir uns diesen Weisungen beugen; wir haben den Wählern ja auch keineswegs versprochen, die Auseinandersetzung um die Lagerung von Atommüll zu gewinnen,

sondern nur, sie zu führen. Für uns führt der Ausweg über die Suche nach einem energiepolitischen Konsens, der den Ausstieg aus der Atomenergie bundesweit absichern würde. Wenn ausgerechnet in dem Moment, da die Energieversorgungsunternehmen einen Verzicht auf das Endlager Gorleben signalisiert haben, ganz und gar überflüssigerweise der Bundesumweltminister einen Castorbehälter mit abgebrannten Brennelementen aus dem Kernkraftwerk Gundremmingen nach Gorleben versenden will, der – wie sich später herausstellte – nicht einmal genehmigt war, dann ist das in meinen Augen schon eine gezielte Provokation.
Ein weiteres Beispiel für Betonköpfigkeit hat ausgerechnet die Daimler-Benz AG geliefert, mit der wir in Sachen Teststrecke so konstruktiv zusammengearbeitet haben. Trotz aller Diskussionen mit Betriebsrat und Firmenleitung, trotz aller Vorschläge der Landesregierung, trotz mehrerer Besuche in Wilhelmshaven und in Stuttgart konnten wir die Verantwortlichen im Vorstand der Daimler-Benz AG nicht dazu bewegen, aus ihrem großen Konzern Arbeit nach Wilhelmshaven zu verlegen. 1970 waren hier noch fast 12000 Personen beschäftigt, bei unserem Regierungsantritt 1990 waren es noch 3000, im November 1992 gerade noch 1700. Für das Wissen, daß die Landesregierung auf ihrer Seite steht, konnten sich die Entlassenen, die sich jahrelang in einem »Arbeitskampf der Olympianer« befanden, herzlich wenig kaufen. Es ist dann allerdings in den Verhandlungen gelungen, zumindest 1200 Arbeitsplätze am Standort Roffhausen langfristig zu erhalten, und zwar in durchweg innovativen Betrieben. Auf dem Olympia-Gelände ist ein moderner Industriepark entstanden, das »Technologie Centrum Nordwest« – mit Unternehmen von der Kunststofftechnik über Elektronikfertigung bis zur Oberflächenver-

edelung. Weitere Ansiedlungen sind fest eingeplant, unter anderem für Teilbereiche der Wilhelmshavener Fachhochschule, Weiterbildungs- und Umschulungsmaßnahmen für insgesamt 300 Beschäftigte wurden ermöglicht, die Landesregierung hat sich daran finanziell beteiligt, so daß in diesem Bereich 90 Prozent des bisherigen Nettolohnes bezahlt werden können. Bislang konnten für die noch 1200 Beschäftigten die sogenannten betriebsbedingten Entlassungen abgewendet werden. Der Betriebsrat schätzt, daß Weiterbildung und/oder Weiterbeschäftigung bis auf 200 für alle Arbeitnehmer auf dem Gelände der AEG-Olympia möglich sein wird.

Das interessante an dieser durchaus pfiffigen Lösung, die von einer Projektgruppe aus AEG-Vorstand und den Arbeitnehmervertretern im Daimler-Benz-Konzern ausgehandelt wurde, ist die außerordentliche Flexibilität, mit welcher der Olympia-Betriebsrat wie auch der Daimler-Gesamtbetriebsrat in diesen Verhandlungen agiert haben. Hier waren die Arbeitnehmervertreter nicht nur beweglicher als der Konzernvorstand, sie verfochten auch die intelligenteren, zukunftsorientierten Konzepte und haben so einen guten Beweis dafür geliefert, daß um ihre Arbeitsplätze – selbst wenn diese nicht samt und sonders zu halten sind – kämpfende Arbeitnehmer deshalb noch längst nicht konservativ und innovativen Ideen gegenüber verschlossen sind. Andererseits werden wir mit der Suche nach neuen gesellschaftlichen Übereinkünften kaum erfolgreich sein, wenn diese Ideen nicht auch an der Spitze der beteiligten Konzerne Früchte tragen, wenn Großunternehmen lediglich ihre Machtposition ausspielen.

Die Bereitschaft zur Kommunikation und Kooperation ist eine Zweibahnstraße. Wenn ein Konzern glaubt, mit uns nur dann verhandeln zu müssen, wenn wir ihm materiell etwas, und sei es ein Grundstück, zu bieten haben, wird die Zusammenarbeit bald erschöpft sein. Der Staat darf sich, nach meinem Verständnis zumindest, nicht als Reparaturbetrieb des Kapitalismus mißbrauchen lassen.

Eine erfolgreiche Politik des Diskurses setzt allerdings noch mehr voraus als bloß beiderseitigen guten Willen. Aus den Verhandlungen um die Mercedes-Teststrecke haben wir gelernt, wie bedeutend die Rolle des Projektmanagements ist. Alle Beteiligten müssen gewissermaßen nach den Konzepten moderner Unternehmensführung arbeiten – was übrigens leider nicht heißt, daß alle modernen Unternehmen diese auch praktizieren. Eine kollegiale Leitung ist dabei unverzichtbar, ebenso wie Teamwork, ein Projektmanagement mit klaren Kompetenzen, die Einbeziehung sämtlicher Partner wie auch der möglichen Kritiker. Dazu bedarf es mancher struktureller Reformen, besonders aber der Bereitschaft, auch ungewöhnliche Partnerschaften und Bündnisse einzugehen.

Die rot-grüne Option

Eine Koalition ist weder historisches Ereignis noch auf eherne Zeiten geschmiedeter Bund, sondern ein Bündnis auf Zeit. Die Koalition zwischen SPD und Grünen in Niedersachsen allerdings hat darüber hinaus strategischen Wert. An ihrem Scheitern oder Gelingen läßt sich die bundespolitische Option auf eine solche Reformkoalition messen. Wenn wir es schaffen – und ich habe keinen Grund, daran zu zweifeln –, die gemeinsame Regierungsarbeit in Niedersachsen bis zum Wahltermin 1994 erfolgreich fortzusetzen, wären nicht nur alle Weichen für einen weiteren Bestand dieser Koalition im Lande gestellt. Wir wären die erste rot-grüne Regierungsmannschaft, die es über eine volle Legislaturperiode gebracht hat; bedeutsam wäre das nicht nur bezüglich der Reformziele, die wir uns gemeinsam gesetzt haben, sondern auch in Hinblick auf die Konstellationen im Bund. Ich betrachte es durchaus als meinen wesentlichsten Beitrag zur Wiederherstellung sozialdemokratischer Regierungsfähigkeit in Bonn, vorzeigbare Erfolge mit einem Reformbündnis in Niedersachsen zu erringen. Wenn uns das gelingt, habe ich einen Erfahrungsschatz in die Diskussion einzubringen, den man gar nicht hoch genug bewerten kann. Mit dem Erfolg der rotgrünen Koalition in Niedersachsen schaffen wir der SPD und damit Björn Engholm eine neue und reale Option, die erprobt und funktionstüchtig ist.
Im Juni 1990, als wir in Hannover die rot-grüne Koalitionsvereinbarung schlossen, war das alles andere als eine bundes-

politische Selbstverständlichkeit. Die Berliner Koalition von SPD und Alternativer Liste war heillos zerstritten; sie sollte wenig später scheitern wie vor ihr das erste rot-grüne Regierungsbündnis in Hessen. Jenes »Pilotprojekt« unter Holger Börner und Joschka Fischer war vor allem deshalb mißlungen, weil die Partner einander mehr Mißtrauen entgegenbrachten als ernsthaften Kooperationswillen. Sie wußten nicht, wie miteinander umgehen und suchten in der täglichen Praxis die Schmerzgrenzen des jeweils anderen auszuloten. Zudem hatte diese bundesweit erste rot-grüne Koalition unter einem beispiellosen politischen Sperrfeuer von außen zu leiden; nicht nur CDU und FDP warnten unablässig vor »rot-grünem Chaos« oder einem drohenden Ausstieg aus der Industriegesellschaft, auch manche Sozialdemokraten machten aus ihrer Abneigung gegen grüne Minister kein Hehl.

Nachdem die Berliner Koalition an sich selbst und vor den Wählern gescheitert war, erklärte Walter Momper, der sich in der Zeit der Berliner Maueröffnung zweifellos großes Profil und ebenso große Verdienste erworben hat, rot-grün zum »auslaufenden Modell«. Uns niedersächsischen Sozialdemokraten gab er mehr oder minder unverblümt den Rat, im Streit mit den Alternativen nie nachzugeben.

Diesen »Ratschlag« haben wir bewußt nicht beherzigt. Man bedenke nur, welch ein Aufschrei durch die politische Szene gegangen wäre, hätte ich beispielsweise Rudolf Scharping nach der Wahl in Rheinland-Pfalz einen ähnlichen »Tip« bezüglich der Verhandlungen mit der FDP gegeben. Ein wichtiger Aspekt der so zügig verlaufenen Koalitionsverhandlungen mit den Grünen in Niedersachsen war eben die Beweisführung, daß es sich bei den Grünen nicht um einen Sonderfall der Demokratie handelt, geschweige denn um

einen Betriebsunfall. Die Grünen sind eben – selbst wenn sie das nicht immer gern hören – im demokratischen Gefüge eine Partei geworden, mit der Verhandlungen und Bündnisse mindestens ebenso möglich sind wie mit den sogenannten etablierten Parteien. Wer, insbesondere von denen, die heute bei jeder ernsthaften Verhandlung mit den Grünen gleich das »Chaos« beschreien, erinnert sich noch an die FDP der fünfziger und frühen sechziger Jahre, die mit ihren nationalistischen Parolen durchaus so sehr am rechten Rand des Parteienspektrums stand wie die Grünen es in manchen Fragen auf der linken Seite demonstrierten.
Unter den gegebenen Umständen, auch denen einer gewandelten FDP, lautete die Reformalternative 1969 sicherlich: sozialliberal. Keiner meiner Parteifreunde wäre seinerzeit auf den Gedanken gekommen, den »Juniorpartner« mit einem oder zwei minderwertigen Posten abzuspeisen und ihm ansonsten zu erklären, er habe es als das größte Glück der Erde zu empfinden, am Regierungstisch zu sitzen. Gleichwohl hat man es zwanzig Jahre später beinahe als Sakrileg empfunden, den Grünen in einer ehrlichen Koalition sogenannte Schlüsselministerien wie das für Bundes- und Europaangelegenheiten zu überlassen. (Man führe sich andererseits vor Augen, daß die FDP, die substantiell kaum einmal mehr Wählerstimmen auf sich ziehen konnte als die Grünen in Niedersachsen und anderen Ländern, regelmäßig auf die Übernahme von Ressorts wie Außen-, Innen- und / oder Wirtschaftsministerium gepocht hat.) Das Wagnis, eine Koalition mit den Grünen einzugehen, war jedenfalls angesichts der inhaltlichen Übereinstimmungen bestimmt nicht größer, als auf eine durchaus unsichere Mehrheit mit der FDP zu bauen – welche schließlich im Skandal-Kabinett Albrecht hohe Mitverantwortung getra-

gen hatte. Ich denke heute noch mit gewisser Wehmut an den Wahlkampf 1986, in dem nicht zuletzt meine eigene »Wackelei« in der Koalitionsfrage mutmaßlich den Sieg gekostet hat – die Wähler haben mir einfach nicht geglaubt, daß wir gewinnen und regieren wollen, wenn wir uns gegenüber dem einzig möglichen Koalitionspartner, den Grünen, als Nein-aber-Partei präsentieren. (»Nein-aber«, weil ich im Wahlkampf auf eine bundespolitische Linie der »Unberührbarkeit« gegenüber den Grünen umgeschwenkt bin, welche die Wähler nur glauben machen konnte, wir wollten nicht eigentlich gewinnen.)

Willy Brandt hat, nach den ersten Wahlerfolgen von SPD und Grünen in Hessen, das Wort von der »neuen Mehrheit« jenseits der im Bund herrschenden konservativ-liberalen Konstellation geprägt. Das war, bei allem Respekt vor meinem wohl einzigen politischen Idol, eine zumindest voreilige Aussage. Damals waren weder SPD noch Grüne so weit, einander als ernstzunehmende Partner anzuerkennen, die, jede für sich, ihre eigenen Qualifikationen und auch ihre eigenen »Dollpunkte« aufweisen.

Sich auf einen »bunten Haufen« wie die Grünen einzustellen, ist der Traditionspartei SPD vermutlich auch deshalb schwergefallen, weil die Grünen zunächst weder eine abgrenzbare soziale Schicht noch eine besondere, mit eigener Theorie ausgestattete, politische Spezies repräsentierten. Hier war etwas ganz Neues entstanden: ein Mitbewerber im parlamentarischen Wettstreit, dessen Attraktivität sich gerade aus der Ablehnung jahrzehntelang geübter bundesdeutscher Parteipolitik speiste. Ein Bündnis diffuser sozialer Bewegungen – und zum Teil eine Mischung durchaus diffuser Theorien aus überlebter Maoisten-Mentalität der siebziger Jahre und neuer »New-Age«-Erkenntnisse mit uralten, wert-

konservativen Naturschutzgedanken –, das urplötzlich Bewegung in die gewohnte Parteienlandschaft gebracht hatte. Ich gebe zu: Für mich als ehemaligen Juso-Bundesvorsitzenden war es besonders ungewohnt, eine nachfolgende, der herrschenden Politik kritisch gegenüberstehende Generation auf die Bühne treten zu sehen, die sich im wesentlichen links, aber außerhalb der SPD organisierte. Im Unterschied zur mehr oder weniger rebellischen SPD-Jugend beriefen sich diese Vertreter der neuen sozialen Bewegungen nicht mehr auf globale Gesellschaftstheorien, glänzten andererseits aber mit enormem Fachwissen in den Bereichen ihrer – welch Zauberwort jener Zeit – Betroffenheit. Bald in jeder Bürgerinitiative gegen Atomkraftwerke fanden sich Sprecher, die fachlich mit den Energieexperten der Universitäten oder der Industrie ohne weiteres mithalten konnten; in der Friedensbewegung waren die technischen Einzelheiten der Auslegung atomarer Mittelstreckenraketen weit eher verbreitet als etwa in der SPD, welche sich doch auf eine gründliche Tradition der Friedenspolitik berufen konnte.
Mehr im Ernst als im Spaß habe ich von der Sozialdemokratie einmal als von einer Partei gesprochen, auf die der Begriff »Stallgeruch« perfekt paßt: Von weitem riecht es merkwürdig, aber drinnen ist es schön warm. Schon deswegen mußten uns die Grünen, die für sich weder Tradition noch verbindende Theorie geltend machten, suspekt erscheinen. Andererseits durchlitt die SPD, in Niedersachsen seit 1976 (als durch bis heute nicht enttarnte »Überläufer« der CDU-Kandidat Albrecht gegen eine nominelle Mehrheit aus SPD und FDP zum Ministerpräsidenten gewählt wurde) und im Bund spätestens seit dem Machtverlust 1982, eine ernste Identitätskrise. Sowohl in der Frage der Atomenergie als auch bei der sogenannten Nachrüstung fand unsere Partei

erst in der Opposition wieder zu sich selbst – offenbar, so ungern ich das zugebe, mußte sie von den Zwängen, Regierungspartei zu sein, zunächst befreit werden. Um so heftiger war man aber gerade deshalb bemüht, sich gegenüber den Grünen abzugrenzen, die es gewagt hatten, theorie- und traditionslos ur-sozialdemokratische Positionen zu besetzen und uns auch noch den Nachwuchs streitig zu machen. Ein weiteres, im folgenden noch zu erörterndes Phänomen kam hinzu: Die Kritik, im Verbund mit politisch kaum berechenbaren Grünen den Staat einem heillosen Durcheinander anheimzugeben, traf die Sozialdemokraten ins Mark. Obwohl die demokratische Entwicklung der Bundesrepublik nach dem Krieg ohne die SPD nicht denkbar gewesen wäre, sitzt der alte Minderwertigkeitskomplex, im Zweifel »Vaterlandsverräter« zu sein, noch allzu tief – auch bei vielen Genossen, die weder Bismarck noch Weimar oder gar Hitler persönlich erlebt haben.
Schließlich, und das ist keineswegs unerheblich, hat die SPD ihre Verankerung im demokratischen System der Bundesrepublik bis hin zur Regierungspartei auch dem Bündnis mit den Gewerkschaften zu danken. Mit den Grünen trat nun plötzlich eine politische Kraft auf den Plan, welche Emanzipation auch von den Gewerkschaften und ihren tradierten Positionen verlangte. Manche der grünen Funktionäre waren, ihrer linksradikalen Vergangenheit wegen, aus den Gewerkschaften ausgeschlossen worden; andere bildeten oppositionelle Gruppen innerhalb der Gewerkschaftsbewegung, und in den zentralen, identitätsstiftenden Fragen fanden sich die Grünen häufiger in Opposition zu den maßgeblichen Gewerkschaftsgremien, als daß sie mit ihnen übereingestimmt hätten. Das betraf die Energie- wie die Rüstungspolitik, wesentlich stärker aber das Politikverständnis

insgesamt: Da trauten die Grünen sich, auch einmal inkohärente und wenig staatstragende Positionen zu formulieren, welche die Gewerkschaften stets als unrealistisch verworfen hatten. Auch eine gewisse Annäherung der politischen Standpunkte nach dem Einzug der Grünen in den Bundestag, 1983, half zunächst wenig. Auf den Spitzenplätzen grüner Listen standen vielmehr Kollegen wie Willi Hoss, der, seiner syndikalistischen Anti-Apparat-Positionen bei Daimler-Benz wegen, schon in den siebziger Jahren aus der IG Metall ausgeschlossen worden war – und trotzdem, erfolgreich, für den Betriebsrat kandidiert hatte. Später wurde der Grüne Ulrich Briefs aus seinem Arbeitsverhältnis beim DGB entlassen; der Verdacht ließ sich nicht ausräumen, daß dies seinem Engagement bei der Umweltpartei geschuldet war.

Andererseits schienen die Grünen, ob mit ihrem Rotationsprinzip für Abgeordnete oder dem Verfahren, politische Willensbildung auf willkürlich zusammengewürfelten Generalversammlungen herbeizuführen, lange genug ein kaum berechenbarer Partner. Oft genug wurde in Flügelkämpfen zerrieben, was man vorher in zähen Verhandlungen mit ihnen vereinbart hatte. Vielen Grünen wiederum erschien die SPD pauschal als »Betonpartei«, als eine politische Kraft, die sowohl für die Ersteinführung von Atomkraftwerken, als auch – schließlich galt Helmut Schmidt, ohne daß er wohl entsprechende Hochrüstungs-Absichten hegte, als Entdekker der »Raketenlücke« und der Notwendigkeit einer »Nachrüstung« – für den durchaus beängstigenden Konflikt um die Mittelstreckenraketen verantwortlich war. Kurzum: Es läßt sich wahrlich nicht behaupten, daß SPD und Grüne als Partner füreinander gemacht sind, und der Prozeß der Annäherung beider Parteien bis hin zu einer fruchtbaren Zusammenarbeit hat auf beiden Seiten schmerzhafte Lernvorgänge bedingt.

Grundvoraussetzung für das Aufeinander-Zugehen in Niedersachsen war das Erlernen von Respekt füreinander. Über die Konflikte innerhalb der Grünen zwischen den eine Regierungsbeteiligung kategorisch ablehnenden »Fundis« und den an konkreter Reformpolitik interessierten »Realos« ist hinlänglich berichtet worden. Viel wichtiger als diese »Flügelkämpfe« waren vermutlich die parlamentarischen Erfahrungen, die Niedersachsens Grüne vor den anderen Landesverbänden der Partei prägten. Bereits 1978 hatte eine Vorläuferorganisation, die GLU, bei den Landtagswahlen fast vier Prozent erreicht; seit 1982, ein Jahr vor ihrem Einzug in den Bundestag also, waren die Grünen im niedersächsischen Landtag vertreten. Dort haben sie sich, in der Opposition, als kundige und engagierte Streiter für Reformziele hervorgetan, die von den Standpunkten der SPD nicht grundsätzlich verschieden waren. Sachkoalitionen – allerdings in der Opposition – hat es schon vor der Wahl 1986 gegeben, obwohl damals eine beiderseitige Koalitionszusage noch außerhalb des Möglichen lag. (Die Grünen wollten damals allenfalls eine Tolerierung nach dem Motto: Wasch mir den Pelz, aber mach mich nicht naß; die SPD befand sich durch den unmittelbar folgenden Bundestagswahlkampf, für den eine rot-grüne Option ausgeschlossen schien, in der Defensive. Hinzu kam meine eigene Unsicherheit, ja: Feigheit, die mich hinderte, das Bündnis allen zum Trotz innerparteilich durchzusetzen.)

Meine Partei wiederum mußte lernen, daß die Grünen nicht bloß unartige, verirrte Kinder der Sozialdemokratie sind, sondern sich zu einer selbstbewußten Partei gemausert hatten – die sogar für sich geltend machen konnte, manches

Problem, insbesondere in der Umweltpolitik, eher entdeckt und radikaler zu lösen sich vorgenommen hatte als die traditionell für solch »neue« gesellschaftliche Fragen zuständige SPD. Andererseits hielt die sozialpolitische Kompetenz der Grünen sich lange in Grenzen.

Die Koalition herbeizuführen, war nach den gemeinsamen Oppositionserfahrungen und dem aus der Programmatik abzuleitenden, sogenannten Vorrat an Gemeinsamkeiten, nicht allzu schwer. Bei den Grünen hatte sich jene Position durchgesetzt, die politische Realität nicht nur kritisieren, sondern gestalten wollte; in meiner Partei war der Wunsch, nach 14 Jahren Opposition einen Wandel herbeizuführen, mindestens so groß wie das Interesse der Wählermehrheit, die in so gut wie allen Belangen abgewirtschaftete Regierung Albrecht aufs Altenteil zu schicken. Die erforderlichen Kompromisse mußten, sollte die Koalition wirklich gelingen, bereits zuvor innerhalb der beiden Bündnisparteien ausgearbeitet werden. Die signalgebende Einigung in der SPD, noch vor dem Wahlkampf 1986, zwischen dem, sicher eher dem rechten Parteiflügel zuzurechnenden heutigen Landesvorsitzenden Johann Bruns und mir ist in der Presse (»bei einem Essen im Oldenburger Bahnhof«) allzu oft als Kuhhandel dargestellt worden: Du wirst Vorsitzender, ich mach' den Spitzenkandidat ... Weit mehr als um irgendeinen Postenschacher ging es bei den Vorgesprächen (eines fand tatsächlich in der Bahnhofsgaststätte statt) um meine Annäherung – ich war damals Bundestagsabgeordneter – an die Landespartei und die neuerliche Einigung des Landesverbandes auf eine gemeinsam zu vertretende Politik. Niedersachsen ist ein Flächenstaat: Als Vorsitzender des Parteibezirks Hannover konnte ich so wenig ohne die ländlichen Bezirke wie jene ohne die Landeshauptstadt. In der Sache

hatten Partikularinteressen mehr als einmal geschlossene Oppositionspolitik verhindert; dies galt auch in der Legislaturperiode bis 1990, als wir gegen eine Landtagsmehrheit von nur einer Stimme opponierten, uns aber beim entscheidenden Mißtrauensvotum gegen die Regierung Albrecht Ende 1988 sogar eine Stimme aus dem Oppositionslager fehlte. So enttäuschend damals die Niederlage auch war, mußte ich doch einsehen, daß eine Fraktion, die zu großen Teilen aus aktiven Kommunalpolitikern bestand, welche vor Ort auf Kooperation und Wohlwollen der Landesregierung angewiesen waren, nicht unbedingt bereit war, den Kurs einer, im Sinne Kurt Schumachers, »intransingenten Opposition« bedingungslos mitzusteuern. Auch für den Koalitionsvertrag mit den Grünen mußten Johann Bruns und ich erheblich werben, und in der Erinnerung waren es schon auch Akte von Hochseilakrobatik, die eher bodenständige, fahrlässig oft »rechts« titulierte Gefolgschaft des Ostfriesen Bruns oder des Braunschweiger Oberbürgermeisters Glogowski in die Vereinbarungen mit den Grünen einzubinden. Die Niedersachsen, so heißt es, sind stur – aber wenn sie sich einmal durchgerungen haben, halten sie Wort: Bei der Wahl zum Ministerpräsidenten am 21. Juni 1990 überwand die SPD-Fraktion endlich ihr »Überläufer-Trauma« – nicht nur, daß alle Koalitionsabgeordneten mit »Ja« stimmten, aus dem Lager der nunmehr oppositionellen CDU und FDP ergingen zwei Enthaltungen und zwei ungültige Stimmen.
In mancherlei Hinsicht wirft eine gewonnene Wahl größere Probleme auf als eine verlorene. Nachdem am Abend des 13. Mai 1990 feststand, daß es für SPD und Grüne reichen würde, mit einer Mehrheit von drei Mandaten, hatten nicht nur beide Parteien, sondern auch sämtliche Interessengruppen innerhalb des neuen Bündnisses ihre Wünsche anzumel-

den. Endlich war noch eine Regierungsmannschaft zu benennen, und die läßt sich, ähnlich wie der Bundestrainer die Fußball-Nationalmannschaft nicht bloß nach der Papierform aufstellen kann, weder nach Polit-Arithmetik noch nach Proporz-Theorie bilden. Es müssen einfach diejenigen spielen, die am besten harmonieren; dies zumal, wenn die Koalition ungewohnt und doch bundespolitisch von so hoher Signalwirkung ist. Im nachhinein bilde ich mir nur wenig auf meinen Instinkt bei der Aufstellung des Teams ein, eher auf meine glückliche Hand. Wenn eine solche Konstellation verschiedener Temperamente und politischer Grundhaltungen, die nahezu die gesamte Bandbreite beider Bündnisparteien spiegelt, es schafft, sich immer wieder zusammenzuraufen und dabei weit weniger Lärm zu verursachen als etwa die Geistesverwandten Graf Lambsdorff und Kohl, dann sagt das mehr über den Bestand der rot-grünen Koalition als alles theoretische Ausloten der gegenseitigen Konfliktzonen. Vielleicht wäre die Reformkoalition, von deren Gelingen im Hinblick auch auf die Bundespolitik so viel abhängt, längst ein Scherbenhaufen ohne das solidarische, oft sehr freundschaftliche Miteinander von Kabinettskollegen wie der bundespolitisch erfahrenen Frauenministerin Waltraud Schoppe – welche die höhnische Schelte der CDU-Opposition, sie sei ja gar »keine richtige Emanze«, mühelos mit einem Bekenntnis zu wohl verstandener Familienpolitik kontert –, dem Wirtschaftsfachmann Peter Fischer – den gegen die rot- grüne Koalition mit verdächtigen Komplimenten aufzuwiegeln auch den konservativsten Oppositionellen nicht gelungen ist –, bis zum Landwirtschaftsminister Karl-Heinz Funke – der selbst Landwirt ist *und* belesener Linker, besser Plattdeutsch spricht als CDU-Haudegen Wilfried Hasselmann, das aber nicht mit politischen Platitüden verwechselt. Immer wieder hat die CDU während der vergangenen drei Jahre das Kabinett mit Mißbilligungs- oder Entlassungsanträgen auseinanderzudividieren versucht: meist gegen Bundesratsminister Trittin (Grüne) oder Sozialminister Hiller (SPD). Wohlgemerkt hat sich keiner von beiden etwas zuschulden kommen lassen; den Konservativen ging es jeweils, was ihr gutes Recht ist, um eine Konsistenzprüfung der Koalition. Jürgen Trittin stand und steht im Kreuzfeuer der Kritik, weil er als zuständiger Minister die undankbare Aufgabe hat, Kommunalpolitikern die Unterbringung von Asylsuchenden abzuverlangen. Kritik trifft den nicht immer sanft formulierenden grünen Minister auch aus den Reihen von sozialdemokratischen Kommunalpolitikern, die sich mit dem Problem der Versorgung von Flüchtlingen allein gelassen fühlen. Manche Kritik geht weiter, bis hin zu persönlichen Drohbriefen gegen den »Ausverkäufer vaterländischer Werte«. Walter Hiller, ehemals Betriebsratsvorsitzender bei VW, verstrickt sich öfter als manch ausgebuffter Politprofi in den Netzen des Verwaltungsalltags – ohne daß er, notabene, dabei gravierende Fehlentscheidungen getroffen hätte. Es ist für mich besonders ermutigend, gerade von den grünen Kabinettsmitgliedern, denen man beim besten Willen keine Gewerkschafts-Kumpanei vorwerfen kann, angesichts häufig infamer Angriffe auf den Minister Hiller, immer wieder zu hören, daß sie auf diesen Kabinettspartner schon seiner persönlichen Integrität wegen nicht verzichten wollen. Es ist schon beschämend, daß in der Bundesrepublik der neunziger Jahre die Parlamentsfraktion einer großen demokratischen Partei keine Gelegenheit ausläßt, ihre Empörung darüber zu äußern, daß ein VW-Arbeiter es zum Minister gebracht hat – nichts anderes meint die CDU-Kritik an

Hiller, der gewiß kein Meister der geschliffenen Presseerklärung ist, wohl aber ein kompetenter Sozialpolitiker. Hier ist die Solidarität, welche die Grünen zum Ausdruck bringen, auch jenseits aller denkbaren politischen Differenzen Hinweis auf ein wesentliches gemeinsames Sozialempfinden. Kein Wunder also, wenn schon ein Vierteljahr nach der Regierungsbildung der SPD-Fraktionsvorsitzende Johann Bruns, der politischen Gesäßgeographie gemäß eher ein »Rechter«, sagte, aus der »Vernunftehe« mit den Grünen sei »Liebe« geworden. Das ist zwar übertrieben, aber doch nett.

Es werden aber hinter diesen landespolitischen Besonderheiten Probleme erkennbar, die weit über Niedersachsen hinaus bezeichnend sind für das Verhältnis von SPD und Grünen in einer gemeinsamen Regierung. Der Riß, welcher beider Parteien Grundsatzpositionen trennt, verläuft nämlich weniger zwischen den am Kabinettstisch sitzenden Koalitionspartnern, als vielmehr quer durch beide Parteien. Die SPD, durch Koalitionspraxis zumal mit der FDP in dieser Hinsicht erfahren, tut sich dabei vorderhand weniger schwer als die Grünen. Dennoch herrscht in manchen Ortsvereinen – und dies um so mehr, je schwerer die Belastungen der jeweiligen Kommunen wiegen – die Wahrnehmung vor, in der Landesregierung wedele der grüne Schwanz mit dem roten Hund. Mag sein, daß der eine Politiker oder die andere Politikerin der Grünen nachgerade in der Asyldebatte argumentativ auf zu hohem Roß gesessen und die konkreten Sorgen der Kommunen nicht ernst genug genommen hat. Niemand, und vor allem kein sozialdemokratischer Bürgermeister, läßt sich gern als fremdenfeindlicher Dorftrottel titulieren, nur weil seine Gemeinde mit den zugewiesenen Asylbewerberzahlen beim besten Willen nicht mehr fertig wird. Allzu rasch jedoch kommt angesichts solchen Ärgers grundsätzliche Abneigung hoch. Warum müssen wir uns von solchem Juniorpartner derlei gefallen lassen, haben wir nicht die Mehrheit? heißt es dann – und schon ist vergessen, was beispielsweise der »Juniorpartner« FDP in gemeinsamen Bundes- oder Landesregierungen der sozialdemokratischen Identität an Verletzungen zugefügt hat, von Einschnitten ins soziale Netz bis hin zu Steuerentlastungen für Bestverdienende. Die Bereitschaft, mit den Grünen Kompromisse einzugehen, scheint in einem Teil der SPD-Funktionärsschicht (ich spreche hier nicht von den einfachen Mitgliedern, die aus der kommunalpolitischen Arbeit ihre ganz eigenen, unterschiedlichen Erfahrungen mit den Grünen haben) weniger ausgeprägt als die Einsicht in vermeintliche Notwendigkeiten des Ausgleichs mit, sagen wir, bürgerlichen Parteien. Offenbar wiegt vielerorts die kulturelle Distanz zur Anti-Partei-Partei der Grünen schwerer als die, derzeit erheblich größere, inhaltliche Distanz zu den Politikern von FDP oder gar CDU.

Dennoch »leidet« die SPD in der rot-grünen Koalition wohl weniger als die Grünen. Das zeigt auch eine von unserer Landesregierung in Auftrag gegebene Studie aus dem Sommer 1992: Danach waren die SPD-Anhänger mit der Leistungsbilanz der Landesregierung weit mehr zufrieden als die Sympathisanten der Grünen – 73 gegenüber 60 Prozent. Noch bezeichnender, daß die »Zufriedenheitsrate« – angesichts allgemein düsterer politischer Perspektiven ohnehin fallend – bei den SPD-Anhängern um fünf Prozent gegenüber dem Vorjahr zurückgegangen war, bei den Grünen hingegen um zwölf Prozent.

Zwischen SPD und Grünen wird es mit Sicherheit nie einen »Leihstimmenpakt« unseligen Angedenkens geben, wie

CDU und FDP ihn in großen Schwächeperioden des kleinen Partners oft genug praktiziert haben. Indes legt die niedersächsische Sozialdemokratie – und so würde es jeder andere in ehrlichem Bund den Grünen vermählte SPD-Landesverband halten – nicht den geringsten Wert darauf, sich in der Koalition auf Kosten der Grünen zu profilieren, um sie bei einem eventuellen Absturz unter die Fünf-Prozent-Hürde zu beerben. Angesichts der Gemeinsamkeiten in der politischen Zielsetzung haben wir reichlich damit zu tun, gemeinsam etwas zu bewegen; die Gräben zwischen SPD und dem konservativ-liberalen Lager sind weit tiefer als die Furchen, die uns manchmal von den Grünen trennen.

Und doch herrscht bei den Grünen offenbar einige Unzufriedenheit mit den Resultaten ihrer Regierungsbeteiligung. Ich bin weit davon entfernt, den Grünen Ratschläge zu erteilen für Klärungsprozesse, die innerhalb der Partei ohnehin stattfinden und so oder so zu Ergebnissen führen werden. Eine Politik des Diskurses hat auch nur Sinn, wenn man den Koalitionspartner mit all seinen internen Schwierigkeiten ernst nimmt. Wir Sozialdemokraten nehmen für uns in Anspruch, eine heterogene Partei zu sein, die gern auch in der Öffentlichkeit um die zu findende Position streitet. Nichts weniger als das räume ich auch den Grünen ein; der folgende Versuch, ihre spezifischen Probleme mit der Beteiligung an einer Reformkoalition zu beschreiben, hat deshalb weder mit Besserwisserei noch mit Einmischung zu tun. Es geht lediglich um Bausteine zum Verständnis einer Partei, auf deren Mitarbeit zur Überwindung der gegenwärtigen, gelinde gesagt: zukunftsunfähigen politischen Mehrheit ich setze.

In Diskussionen mit der sogenannten grünen Basis habe ich seit Bildung der gemeinsamen Regierung vor allem eine gewisse Enttäuschung der Gefühle registriert. Ausgesprochen oder unausgesprochen kam in diesen Debatten immer wieder der Gedanke auf: Wir haben uns zur Koalition mit der SPD durchgerungen, und nun spüren, hören, sehen wir nichts von unserer Regierungsbeteiligung. Wir sehen nur Kompromisse, die wir einzugehen haben. Wozu haben wir eigentlich die Wahl gewonnen?

Anfangs hat mich an dieser Haltung hauptsächlich der Pessimismus erstaunt. Hier wurde nicht debattiert, ob das Glas Wasser nun halb voll sei oder halb leer, sondern darüber, ob das Wasser im Glas nicht sowieso vergiftet ist. Dann kamen mir Gespräche mit von den Grünen benannten Funktionsträgern oder Mitarbeitern der Regierung in den Sinn – wie sie darauf beharren, wir könnten, ja: müßten unmittelbar die Atomkraftwerke im Land abschalten, da wir schließlich einen entsprechenden Wählerauftrag hätten. Die sogenannte höhere Einsicht des Juristen Schröder – im übrigen können auch die Grünen Gesetze lesen – half da überhaupt nichts, und ich möchte diese Meinungsverschiedenheiten unter keinen Umständen deswegen erwähnen, um etwa die politische Naivität der Grünen zu belächeln. Im Gegenteil: Hier wurde eine Prinzipientreue demonstriert, die mir wohl mindestens so demokratisch erscheint wie der Instanzenzug, welcher einer Landesregierung vorschreibt, sich selbst dann an die Weisungen einer Bundesbehörde zu halten, wenn ausschließlich die Landesbewohner die entsprechenden Folgen zu tragen haben – nichts anderes bedeuten die fortgesetzten Weisungen des Bundesumweltministers in Sachen Schacht Konrad. Ich muß auch sagen, daß die Radikalität der Grünen innerhalb der Regierung, die Treue zu den Prinzipien des gemeinsamen Wählerauftrags, erheblich zu unseren Erfolgen beigetragen haben: Hannes Kempmann

etwa, grüner Fraktionsvorstand, war gleichsam einer der Motoren, die unsere Gespräche zum Atomausstieg antrieben. Und doch ziehen die Grünen gegenüber ihrer Anhängerschaft eine weit düsterere Bilanz, als die SPD-Mehrheitsfraktion oder auch jeder neutrale Beobachter das tut. Die »Geräuschlosigkeit« der Regierungsarbeit, will heißen: die Abwesenheit von Zank und Krach, wird von der grünen Basis eher als Zeichen von Duckmäusigkeit ihrer Repräsentanten gewertet; selbst die spektakulären Ergebnisse rot-grüner Landespolitik wie das Kompensationsprogramm für die Mercedes-Teststrecke oder der in Aussicht genommene Bau eines Gaskraftwerks als Ersatz für den Atomreaktor Stade stoßen innerhalb der grünen Partei auf jeweils erhebliche Widerstände einzelner Fraktionen oder partikular Interessierter.
Meines Erachtens hat das weniger mit dem vielbelächelten deutschen Hang zur Selbstkasteiung zu tun, als mit einem Politik- und Staatsverständnis, das sich grundlegend von meinem und dem meiner – in der Tradition von Politik und Protest 1968 geformten – Generation unterscheidet. Die Grünen sind Ausdruck neuer, vom herkömmlichen System nicht absorbierter sozialer Bewegungen. Diese Bewegungen, ob als Bürgerinitiativen gegen Atomkraftwerke oder Basisgruppen zur Friedenssicherung, definierten und definieren sich grundsätzlich nicht über einen gemeinsamen Theorieansatz. Sie wollten die Welt nicht interpretieren, sondern sie verändern. Langatmige Debatten über das Profitinteresse der Energieindustrie oder des militärisch-industriellen Komplexes waren ihnen zu abstrakt; ihr Aufbegehren gegen die Folgen von Atom- oder Rüstungspolitik hingegen sehr konkret. Die, nennen wir sie einmal so, politischen Strategen der grünen Bewegung, entstammen in der Mehrzahl

dem politischen Aufbegehren der frühen siebziger Jahre. Ob Joschka Fischer, der bei den »Frankfurter Spontis« seine politische Sozialisation erlebte, oder Jürgen Trittin, der in Göttingen zur Hausbesetzerszene gehörte und sich in Kommunistischen Studentenzirkeln tummelte – allesamt sind sie gescheiterte Theoretiker, deren Aufrichtigkeit sie daran gehindert hat, sich bloß nahtlos ins vorhandene politische System zu integrieren. (Spätestens an dieser Stelle sollte jedem klar sein, daß ich den Grünen nicht nur keinerlei Geringschätzung entgegenbringe, sondern den Prozeß ihrer Politisierung durchaus mit dem meinen vergleiche.) Ich will mich den Grünen beileibe nicht anbiedern, geschweige denn, ihnen Ratschläge für die Lösung der Konflikte in der eigenen Partei geben, ich denke jedoch, daß die Unmittelbarkeit des grünen Politikansatzes – die oft genug dazu führt, daß grüne Basis-Aktivisten mehr über die technischen Details eines Atomkraftwerks wissen als die Energiepolitiker; andererseits aber kaum Verständnis für polit-ökonomische Zusammenhänge aufbringen – eine Wertschätzung erzielter Erfolge nicht selten verhindert. Hinzu kommt die hohe Dezentralisierung, die der grünen Organisation, schon ihres Basis-Anspruchs wegen, unabdingbar ist: Wie soll die grüne Partei den Bau eines Gaskraftwerks *in Stade* als ökologischen Erfolg feiern, wenn damit zwar die Abschaltung eines Atomkraftwerks verbunden ist, andererseits die regionale Bürgerinitiative sich mit der Erdgaszuleitung nach Stade nicht abfinden mag?

All diese Erwägungen wirken auf Berufspolitiker alter Parteischule fremd, selbst wenn der erste, sozusagen ethnologische Schock gegenüber grünen Parlamentariern inzwischen nachgelassen hat. Um so wichtiger ist es, die Meinungsbildungs- und Entscheidungsprozesse einer Bewegung, die Partei geworden ist, zuzulassen und zu respektieren. Einer meiner Freunde, ein langjähriger Mitstreiter noch aus den Tagen, da die Jusos den Kapitalismus per Resolution abschaffen wollten, berichtete von einer Landesversammlung der Grünen, bei der er sich an den Bundeskongreß der Jungsozialisten 1976 erinnert fühlte. Damals war vehement darum gestritten worden, ob der Staat »ideeller Gesamtkapitalist« sei oder nur als solcher wirke. In Wahrheit ging es nur um das Ausloten der Fraktionsstärken – die »Reformisten« waren für diese, die »Antirevisionisten« für jene Formulierung. Bei den Grünen, fuhr er fort, sei stundenlang ebenso heftig wie sinnlos um die »sortenreine Pyrolyse« gefochten worden – obwohl das Begriffspaar »Sortenreiner Müll« ein Widerspruch in sich sei; tatsächlich sei es aber auch da nur darum gegangen, die Stärke der Bataillone zu messen, welche dem Landesvorstand zu folgen bereit seien. Ich habe nur denken müssen an manche Debatten auf Parteitagen der »erwachsenen« SPD, an die Geschäftsordnungsanträge, die einzig dem Ziel dienen, Mehrheiten für Personalentscheidungen abzuschätzen. Ich habe denken müssen an Parteitage der CDU oder CSU, bei denen abweichende Meinungen meist schon im Vorfeld abgebügelt werden. So sehr die Faszination nachgelassen hat über die proklamierte »Basisdemokratie« der Grünen, so wenig hat sich das gebessert, was die sogenannten etablierten Parteien in ihrer Willensbildung veranstalten.

Mir ist des öfteren vorgeworfen worden, ich kümmere mich zu wenig um die Partei. Den Schuh ziehe ich mir an – übrigens ist das ein Grund, warum ich das Amt des Landesvorsitzenden nicht angestrebt habe; die Fülle der Aufgaben eines Regierungschefs macht ein ernsthaftes Engagement als Parteivorsitzender kaum möglich. Mitunter steckt hinter dem Vorwurf aber auch der unausgesprochene Satz: Du machst dir zu viele Gedanken um die Koalition und zu wenige um die Identität der Partei. Das stimmt. Als Ministerpräsident kann ich, will ich auch nicht bloß verlängerter Arm meiner Partei sein. Mehr noch, ich denke, daß die größte Aufgabe einer rotgrünen Koalition, ob in einem Land oder vielleicht irgendwann auch im Bund, darin besteht, Mehrheiten im jeweils eigenen Lager zu organisieren. Bislang betreiben wir eine Reformpolitik, die sich auf Übereinkunft innerhalb der Regierung stützt. Diejenigen, die an der Formulierung und Umsetzung dieser politischen Vorgaben beteiligt sind, bilden auch innerhalb ihrer Parteien erst einmal die Minderheit. Das gilt für Sozialdemokraten wie für Grüne in der Regierung. Die Mehrheiten für das rot-grüne Reformprojekt müssen auch immer wieder in beiden Parteien gewonnen werden.

Das Regierungsbündnis besteht mit wenigen Ausnahmen aus Angehörigen städtischer Mittelschichten. Das ist nicht nur in Niedersachsen so und nicht nur in Koalitionen zwischen Sozialdemokraten und Grünen. Die gesellschaftlichen Mehrheiten jedoch, die SPD und Grüne, nachgerade in einem Flächenstaat wie Niedersachsen, für eine solche Reformpolitik zusammentrommeln können, ergeben eine solide Basis für einen sozialen und ökologischen Kurswechsel: die Arbeiter- und Gewerkschaftsbewegung; die »alten«, im traditionellen Politikraster sozialisierten Mittelschichten und die »neuen«, stärker kulturell geprägten Schichten. Um diese gesellschaftliche Mehrheit geht es mir.

Die mathematische Mengenlehre würde in diesem Falle eine Schnittmenge aufweisen, die sowohl von den Grünen als auch von der SPD erreicht werden kann. Je größer die Schnittmenge, desto erheblicher die gemeinsamen Zielsetzungen. Desto größer die Chancen für einen Machtwechsel auch in Bonn.

Macht – oder:
Die Droge überlisten lernen

Spätestens an dieser Stelle fragt sich die geneigte Leserin, der mehr oder weniger geneigte Leser natürlich auch – wenn sie nicht ohnehin den Verdacht gehegt haben –, ob Schröder nicht einfach nur machtbesessen ist. Man muß diese Frage stellen, in der Politik und in Deutschland sowieso. Schließlich ist das Unheil, das machttrunkene Politiker über dieses Land gebracht haben, unvergessen.

Spätestens seit dem Fall Barschel hat bei uns auch das Streben nach der geliehenen, der demokratisch legitimierten Macht Hautgout. Macht, als hätten wir es nicht vorher gewußt, macht süchtig. Macht verleitet Machthabende dazu, alle Hemmungen fahren zu lassen, um sich bloß die nächste Dosis einverleiben zu können. Manche schrecken auch vor übelsten Tricks nicht zurück; Politiker wie Barschel eben, solche, die Privatdetektive engagieren, den Staatsapparat und Unsummen von Steuergeldern in Bewegung setzen, um an der Macht zu bleiben; solche, die Macht mißbrauchen. Es läßt sich kaum noch von politischer Macht reden, ohne an ihren Mißbrauch zu denken.

Der Effekt ist nicht neu – und übrigens auch nicht schlecht; gesundes Mißtrauen gegenüber jedweder Form von Macht ist mir allemal lieber als jene, besonders Anfang der achtziger Jahre, im Gefolge der beinahe blindwütigen Reagan-Euphorie um sich greifende Stimmung, der beste Mensch sei derjenige, welcher des Menschen Wolf ist. Ohne psychologisieren zu wollen: Womöglich war es auch dieser Geist

der Zeit, welcher Uwe Barschel zunächst in seinen kranken Ehrgeiz und letztlich in seine tödlichen Verstrickungen getrieben hat.
Spätestens seit dem Fall Barschel ist Macht in Deutschland verpönt. Politiker, die selbstverständlich Macht ausüben (und das ja keineswegs gezwungenermaßen) tun so, als sei diese ihnen zugefallene Macht nichts als eine schwere Bürde. Die nehmen sie nur deshalb auf sich, weil es ja schließlich einer – wie verräterisch Worte doch sein können: *machen* muß. Alles arme Opfer. Unablässig betonen sie, daß sie tags nichts als Arbeit kennen und nachts kaum Schlaf finden – glücklicherweise lockt solch preußisches Arbeitsethos heutzutage kaum noch einen Hund hinter dem Ofen hervor; die Menschen wollen nicht wissen, wieviel einer arbeitet, sondern was er in seiner Arbeitszeit Sinnvolles zuwege bringt.
Andere, ich nenne sie hier einmal die »Saumagen-Fraktion«, haben ein so ausgeprägtes Machtbewußtsein, daß sie im Alltag schon wieder darauf verzichten, etwas zu tun – es könnte ja ihre Macht gefährden. Sie gefallen sich am besten in der Gebärde der Macht; sehr schön, sehr lustbetont, nur leider ziemlich vordemokratisch. Manchmal ist man, getreu eines Kohl-Wortes, geneigt zu fragen, was »hinten rauskommt« – außer Machterhalt; und wenn man bösen Willens ist, wird man zu dem Schluß kommen, daß der Zweck der Macht in diesem Kanzleramt lediglich darin zu bestehen scheint, diese Macht zu reproduzieren.
Als ich im Herbst 1983 in einem Zeitungsinterview kundtat, ich wäre bereit für die SPD-Spitzenkandidatur bei der folgenden Landtagswahl, löste das auch in meiner eigenen Partei, einen gelinden Schock aus. Ich hatte nicht gesagt: ». . . wenn die Partei mich ruft . . .«, und auch nicht, daß ich

schlimmstenfalls zur Verfügung stünde – nein, ich hatte die Unverfrorenheit besessen, meinen Hut ohne vorherige Aufforderung in den Ring zu werfen: »Ich will es machen!«

Schröder will nach oben, heißt es nicht erst seitdem; Schröder hat einen ausgeprägten Willen zur Macht. Manche, die so etwas sagen, zwinkern mit den Augen, in stiller Kumpanei. Andere werfen mir »Machtstreben« vor, naserümpfend monieren sie, ich peile die Macht *unverhohlen* an. Noch so ein verräterisches Wort: Ich finde es wesentlich aufsehenerregender, womöglich gefährlicher, wenn jemand *verhohlen*, also heimlich, die Macht erstrebt.

Ich stelle die Frage einmal anders herum: Was eigentlich hat jemand in der Politik zu suchen, der die politische Macht nicht will? Natürlich brauchen wir die Besonnenen, die Mahner, die für sich weder Amt noch Ruhm erstreben; die denen, welche die Macht ausüben, dafür um so kräftiger auf die Finger klopfen. Aber diese »Unbestechlichen«, die politischen Rechnungsprüfer machen doch nur Sinn, wenn es jemanden gibt, den sie zu kontrollieren haben. Irgend jemand soll schließlich regieren, und warum sollten die Wähler ihr Kreuzchen ausgerechnet für den Kandidaten machen, der zu erkennen gibt, daß er gar nicht gewinnen will? Das Volk mag nicht immer sachkundig sein – wer ist das schon? –, es ist aber sehr wohl urteilsfähig. Die Leute spüren recht genau, ob es einer ernst meint, und sie versagen ihm die Zustimmung, wenn er nicht sagt, wie er zu siegen gedenkt. Im Wahlkampf 1986 verfiel mein Team angesichts einiger euphorisch stimmender Umfrageergebnisse auf die Idee, in den Tagen vor der Entscheidung nur noch mein Konterfei zu plakatieren, mit der Aufschrift: »Der neue Ministerpräsident«. Das zeugte zwar von Siegeswillen, ich selbst aber hatte mit mei-

ner Unentschlossenheit in der Koalitionsfrage bis zuletzt offengelassen, auf welche Weise ich die amtierende Regierung Albrecht ablösen wollte. Folglich wurde dem Kandidaten Schröder die Macht versagt, seine Bewerbung erschien nicht seriös genug; er hatte sich nicht einmal festlegen wollen, wie er an die Macht gelangen, und vor allem: mit wem er sie ausüben wollte.
Die meisten derer, die so unentwegt betonen, ihnen läge nichts an der Macht, sind in Wahrheit oft genug geradezu gierig auf sie. Das ist deren Problem, nicht meines. Nur führt dieses Pharisäertum natürlich zu einem Glaubwürdigkeitsverlust jeglicher Politik. Was soll man denn auch halten von Leuten, die sich öffentlich ihrer Macht geradezu schämen, sie tatsächlich aber oft ziemlich unverschämt auskosten? Ein Teil des Vorwurfs trifft allerdings die Öffentlichkeit selbst, beziehungsweise diejenigen, die Meinungen machen. So verdienstvoll, ja unverzichtbar die Arbeit der Presse bei der Aufdeckung der Barschel-Affäre auch war – bei manchem, was gewisse Zeitungen an regelrechten Treibjagden auf Politiker veranstalten, geraten die Dimensionen zuweilen gehörig durcheinander. Man soll doch bitte nicht so tun, als sei es einzig die politische Macht, vor welcher man auf der Hut zu sein habe. Bedenken wir nur die unselige Rolle, die manche Schlagzeilen jener Zeitung mit den großen Buchstaben bei der Verbreitung ausländerfeindlicher Stimmungen gespielt haben. Es gibt in dieser Gesellschaft größere Machtfülle bei erheblich geringerer Kontrolle, als wir sie in der Politik antreffen. Herbert Riehl-Heyse hat das in einem Aufsatz in der *Süddeutschen Zeitung* sehr schön beschrieben. Was man heutzutage auf keinen Fall sein möchte, sagt er, »ist Ministerpräsident eines deutschen Bundeslandes, jedenfalls nicht solange, als auf dem Patronengürtel der

SPIEGEL-Chefredaktion noch Platz ist für den einen oder anderen Skalp. Allerdings ist gelegentlich mit Händen zu greifen, mit wieviel Inkompetenz oder Fahrlässigkeit gut bezahlte Journalisten mäßig bezahlten Politikern ihre Inkompetenz und Fahrlässigkeit und Geldgier vorwerfen. Und dann ist nicht ganz unverständlich, daß mit der Politikverdrossenheit der Öffentlichkeit inzwischen eine heftige Journalistenverdrossenheit der Politiker korrespondiert.«
Ich zitiere das hier keineswegs, um Presseschelte zu betreiben. Politik ist geradezu angewiesen auf öffentliche Kontrolle, und ich finde es durchaus lehrreich, mich auch außerhalb von Pressekonferenzen oder, sagen wir mal: taktischen Beziehungen zur Profilierung dieser oder jener Position, mit Journalisten auseinanderzusetzen. Sie verfügen oft über großes Fachwissen um die Bausteine der Politik, sind aber, anders als wir, nicht ständig in der Pflicht, Problemlösungen anzubieten. Das gibt eine sehr brauchbare Grundlage für hochinteressante Diskussionen. Ich mißtraue jeder Hofberichterstattung und gehöre auch nicht zu jenen, die gewisse, dem jeweils Regierenden mißliebig erscheinende Journalisten versuchen, von der Information auszuschließen – vieles an notwendiger Kritik kommt in der Presse ungleich besser zum Ausdruck als etwa auf einer Fraktionssitzung. Wenn ich den Journalisten Riehl-Heyse dennoch, abgesehen von der wundervollen Formulierung, gleichsam in den Zeugenstand rufe, dann nicht, um der Presse zu zeigen, wo auch unter ihresgleichen der Bartel den Most holt. Mir geht es lediglich um die Verdeutlichung, daß es niemandem nutzt, auch der Demokratie nicht, wenn die öffentliche Meinung dahin abdriftet, die Schurken der Republik säßen einzig in den politischen- und Regierungsämtern. Wäre es so einfach, hätten wir uns in der Demokratie längst darauf verständigen kön-

nen, die leidige politische Macht einfach abzuschaffen. Die Tendenz geht durchaus in diese Richtung, nur entsteht dabei nicht etwa eine fröhliche Anarchie unter Gleichen, sondern ihre knüppelharte Spielart, in der die Starken die Schwachen knechten.

Es ist sicher nützlich, sich daran zu erinnern, daß es sich bei der politischen Macht um eine geliehene Macht handelt. In der Demokratie bestimmt der Souverän nicht einen Despoten, sondern er bestimmt einen Kandidaten, der die Macht auf Zeit ausüben soll. Davor braucht man sich nicht zu fürchten, und darum muß auch niemand einen Mythos ranken. Helmut Schmidt, der sich gern als »leitenden Angestellten der Republik« bezeichnete, hat das Anfang der achtziger Jahre bemerkenswert klargestellt, indem er die Forderungen des damaligen Oppositionsführers Kohl nach »geistig-moralischer Führung« durch den Regierungschef kategorisch zurückwies. Die Regierung habe ihrem verfassungsgemäßen Auftrag nachzukommen und im Rahmen der Legalität zu handeln, beschied er den Opponenten; alle darüber hinausgehenden Ansprüche seien an die gesellschaftlichen Kräfte zu richten. Wir wissen, daß Helmut Kohl schon in seiner ersten Regierungserklärung und seinem Ruf nach »geistig-moralischer Erneuerung« die Gewichte da erheblich verschoben hat, die Einlösung dieses Anspruches allerdings in seiner Regierungszeit bislang, vielleicht glücklicherweise, schuldig geblieben ist.

Gerade diese Art von Verantwortungsimperialismus schürt das Mißtrauen gegenüber der Macht ganz erheblich. Wer seine Kompetenzen derart ausdehnt und in das gesellschaftliche Leben insgesamt hineinregieren will, der muß sich natürlich auch, besonders in seinem eigenen moralischen Handeln an solch umfassendem Anspruch messen lassen –

gerade so, wie der katholische Geistliche, der Keuschheit und den Zölibat predigt, sich besser nicht beim Sex mit einem Nummerngirl erwischen läßt.
Das Regieren ist aber – hier kann man sogar sagen: Gott sei Dank – kein Priesteramt. Wenn die fortgesetzte Debatte um das Übel der politischen Macht und ihren Mißbrauch immerhin jenes monarchische Verständnis zurückgedrängt hat vom Bundeskanzler, der für alles, jedes und auch noch die geistigen Werte zuständig ist, dann war sie bestimmt nicht nutzlos. In der Tat hat Macht mehr mit »Machen« zu tun als mit »Führen«. Machen im Sinne von entscheiden, das für richtig erkannte durchsetzen, besten Sinnes im Interesse derer, der Bürgerinnen und Bürger also, die den Auftrag dazu erteilt haben.
So altruistisch, wie das klingt, ist es aber natürlich nicht. Wieso sollte sich auch jemand hergeben, als bloßer Erfüllungsgehilfe Aufträge auszuführen, die meist nicht einmal konkret definiert sind? Macht fasziniert mich seit jenem Moment, da ich, ohne weiterführenden Schulabschluß und höhere Perspektiven im Westfälischen als Lehrling hinterm Ladentisch stand. Ich wollte raus da, etwas bewegen, und dabei blieb es, je mehr ich lernte und mir vorzustellen begann, was wäre, wenn ich umsetzen könnte, was wir in all den Theorieseminaren bei den Jungsozialisten erörterten. Stets hat mir die Debatte weit weniger Spaß gemacht als die Gelegenheit, etwas zu verwirklichen. Stets war da aber auch der Wille, für mehr Gerechtigkeit zu sorgen; denjenigen bessere Chancen zu verschaffen, die wie ich von »unten« kamen. Ich denke, daß ohne solch eine moralische Komponente Machtstreben kaum zu rechtfertigen ist – es wird sonst zum Selbstzweck. Als Willy Brandt 1969 Bundeskanzler wurde, da machte politische Macht für mich erstmals Sinn: Endlich

war die Gelegenheit da, längst überfällige Reformen einzuleiten. Nach wie vor bin ich der Überzeugung, daß von allen Kanzlern der Bundesrepublik Willy Brandt derjenige war, der mit der ihm ver*liehenen* Macht maximalen Gewinn erzielt hat – die Bundesrepublik von innen reformbewußt und reformfähig zu machen und gleichzeitig nach außen deutsche Schuld abzutragen. Wer wäre je auf den Gedanken gekommen, den Bundeskanzler Brandt des Machtmißbrauchs zu zeihen, weil er eigen*mächtig* vor dem Mahnmal im Warschauer Ghetto auf die Knie gefallen ist.
Bekanntlich war es Herbert Wehner, der in unermüdlicher Arbeit, geprägt von der Furcht, die Sozialdemokratie könne ausgesperrt bleiben aus dem Gestaltungsprozeß des Nachkriegsdeutschland, die Regierungsfähigkeit der SPD herstellte und mithin Willy Brandt an die Macht führte und sie ihm auch gegen das Mißtrauensvotum Barzels rettete. Bekanntlich war es derselbe Herbert Wehner, der die sozialliberale Koalition nicht wollte, den Sturz Willy Brandts mitbetrieb – oder zumindest nicht aufhielt. Ich bin mir nicht so sicher, ob der Visionär Willy Brandt nicht noch einiges hätte in die Wege leiten können, wovon seine Nachfolger hätten profitieren können.
Willy Brandt schied ohne Arg von der unmittelbaren politischen Macht; er war gefeit gegen ihre Suchtwirkung. Andere, mich durchaus inbegriffen, mögen da nicht so sicher sein. Gewiß, unsere Verfassung schützt vor den größten Gefahren der Machtausübung: demokratische Legitimation, öffentliche und parlamentarische Kontrolle, auch die »vierte Gewalt«, die unzensierte Presse, verhindern zumindest gröblichen oder gar kriminellen Mißbrauch der Macht.
Weit weniger gefeit ist unsere Demokratie vor den kleinen, den alltäglichen Verfehlungen derer, die politische Macht

innehaben. Erfahrungsgemäß ist höchste Aufmerksamkeit geboten, wenn vergleichsweise hohe Amt- und Würdenträger sich fotogen mit vergleichsweise Mühseligen und Beladenen in Szene setzen. Wie schmerzlich haben wir, gerade in den letzten Monaten, die Anwesenheit der Mächtigen zum Schutz der Schwachen vermißt – wenn es darum gegangen wäre, Ausländer vor den Mordanschlägen eines rechten Mobs zu schützen? Wie kläglich wenig von all der Machtfülle ist zum Einsatz gekommen, um der irrationalen Angst vor allem Fremden mit Ruhe, Sachlichkeit und Toleranz zu begegnen? Ich denke, es gibt allen Anlaß zur Unruhe, wenn in einer demokratischen Gesellschaft demokratisch gewählte Politiker ihre Macht nicht zum Wohle der Demokratie einsetzen, sondern zu populistischen Eskapaden mißbrauchen. Das Volk wählt niemanden, damit er ihm nach dem Munde rede; wenn die Verirrungen und die Intoleranz denn schon so schlimm sind, wenden die Leute sich lieber den »echten«, rechtsradikalen Einheizern zu.

Das alles sind freilich Fragen der Moral; nicht endgültig klärbar und schon gar nicht justitiabel.

Selbst bei bester moralischer Kondition wirft die Ausübung politischer Macht indessen Fragen auf, deren Beantwortung wir nach mehr als vierzig Jahren parlamentarischer Demokratie allmählich in Angriff nehmen sollten. Die erste, und derzeit wohl vorrangige, hat mit den Parteien und ihrem Einfluß auf das gesamte öffentliche Leben zu tun. Die zweite, das sollte die mindeste Lehre aus dem Fall Barschel und wiederkehrender Affären von Korruption und Vetternwirtschaft sein, hat mit der Macht als Droge zu tun. Macht ist eine Leihgabe, und wie keine Bank jemandem ohne Sicherheiten ein Darlehen gibt, könnte man darauf achten, daß derjenige, dem man die Macht leiht, sie nicht schon deshalb auf Dauer zu behalten versucht ist, weil er im Leben keine Alternative zum Mächtigsein hat. Solch eine Prüfung der Kandidaten auf ihre moralische Eignung wäre weit sinnvoller als die leider auch bei uns gelegentlich geführten Schlammschlachten über das Liebesleben der Bewerber. Drittens: Mißbrauch des politischen Amtes zur Profilierung von Partei und Person, Bereicherung sowieso, aber auch Nepotismus und Patronage sind keine Kavaliersvergehen, sondern mindestens so streng zu ahnden wie Eigentumsdelikte. Schließlich sind sie das in gewissem Sinne ja auch: der Missetäter vergeht sich an der Macht, die dem Volk gehört.

Mit drakonischen Gesetzen oder schärferen Spielregeln ist das nicht zu lösen. Man könnte theoretisch verlangen, daß Bewerber um die politische Macht grundsätzlich einen bürgerlichen Beruf vorweisen müssen, in den sie jederzeit zurückkehren könnten. In der Praxis allerdings ist die Politik selbst längst ein Beruf geworden, und vielleicht ist das auch besser, als wenn man sie fortwährend als »Berufung« überhöht. Abgesehen davon, ich sehe das an meiner eigenen Geschichte, ändern sich die Menschen, womöglich noch mehr, wenn sie zeitweilig Macht ausüben. Niemand kann so ohne weiteres aus einem derartige Intensität beanspruchenden Amt aus- und beliebig wieder in seine »bürgerliche« Biographie einsteigen. Ohnedies hat der oder die Mächtige, beinahe notgedrungen, nur wenige echte Freunde. Nicht allein, weil er so viele Gegner hat und so viele vermeintliche Freunde, auf die das Sprichwort zutrifft, daß wer solche hat, keine Gegner mehr braucht. Auch den verbliebenen, den wahren Freunden, mutet man einiges zu, wenn man mit politischer Macht befaßt ist. Im richtigen Leben begrüßen wir es, wenn einer, der nach oben gekommen ist, seine Freunde nicht vergißt. In der Politik müssen sol-

cher Menschlichkeit enge Grenzen gesetzt werden – man muß sich hüten davor, den loyalen Begleiter dem besser Qualifizierten vorzuziehen. Das ist nicht immer einfach, bedeutet im Zweifelsfall, gute Freunde zu verleugnen, gar vor den Kopf zu stoßen.
Auch von sich aus fällt es dem, der Macht ausübt, nicht immer leicht, Freundschaften überhaupt zu erhalten, sofern sie sich nicht darin erschöpfen, daß man einander Nettigkeiten sagt. Nach einem aufreibenden Arbeitstag voller Gespräche, Erklärungen und allerlei Unzulänglichkeiten sucht man nicht unbedingt auch abends noch die Gesellschaft von Bekannten, die bloß dieses und jenes an der Tätigkeit der Regierung kritisieren. Wie bei allen Suchtgefährdeten ist das persönliche Umfeld auch bei denen gefordert, die Macht ausüben. Die Symptome der Abhängigkeit heißen Starrsinn, Konfliktscheu, Hochmut und Arroganz. Aber wie man einen guten Wein trinken kann, ohne zum Säufer zu werden, kann man sich auch gegen die Droge Macht und ihre verheerenden Wirkungen wappnen. Widerspruchsgeist und Mut zum Aufruhr zum Beispiel sind geeignete Schutzschilde – denn mächtiger als der Mächtige sind allemal die berühmten »Sachzwänge« und die Verhältnisse, die meistens so sind, daß scheinbar keinem Mißstand beizukommen ist. Wer seine Macht nutzt, um dagegen aufzubegehren, wird kaum je der Bequemlichkeit verfallen, welche Voraussetzung ist für die Verliebtheit in die Macht um ihrer selbst willen. Visionen, Ziele, eine moralische Komponente sind das andere. Glücklicherweise sind die Fragen der Machtbeschränkung, die einzig im Charakter der Person liegen, welche die Macht ausübt, bei uns nicht formell, also etwa durch Gesetz oder gar Verfassung geregelt. Eine Demokratie, die den Namen verdient hat, muß

schon selbst in der Lage sein, die Machtverhältnisse so zu regulieren, daß Mißbrauch sich in Grenzen hält. Damit Macht in der Demokratie bleibt, was sie ist: Mittel zum Zweck.

Reformstau

Wirklich, die Zeiten sind schlecht. Der Zeitgeist wandert nach rechts, ebendorthin schielt Politik. Wie die Dinge liegen, kann man weder im Bund noch in einem der Länder vor dem Einzug von Rechtsextremisten in die Parlamente sicher sein. Wer mag da noch von Reformpolitik sprechen?
Die Antwort kann nur lauten: Erst recht. Unsere Gesellschaft steckt in einem gewaltigen Reformstau, in seinen Ausmaßen durchaus vergleichbar dem der Adenauerzeit, der erst durch die Wahl Willy Brandts aufgelöst werden konnte. Es ging dabei ja nicht einmal nur um die Ostpolitik, mit deren Hilfe die außenpolitische Blockade durchbrochen werden konnte. Vielmehr war im CDU-Staat eine beinahe völlige gesellschaftliche Stagnation eingetreten; ob in der Bildungs-, Sozial- oder Rechtspolitik – die Zukunftsfähigkeit der Bundesrepublik war in Gefahr.
An solch einem Punkt befinden wir uns abermals. Nach zehn Jahren und der vollzogenen deutschen Vereinigung handelt, oder besser: nicht-handelt die Kohl-Regierung so, als ginge es um den Weltrekord der Entschlußlosigkeit. Längst wird nur noch reagiert, werden notdürftig die Löcher gestopft und gleich nebenan neue gerissen. Die ins Werk gesetzten »Reformen«, vor allem in der Steuerpolitik, verdienen diesen Namen nur nach einem äußerst zynischen Politikverständnis. Tatsächlich handelt es sich um Gegenreformen, Umverteilungspolitik von unten nach oben, die den sozialen Konsens aufs Spiel setzt. Der größten Reform die-

ser Legislaturperiode, der von der Bundestagsmehrheit gegen das Kabinett durchgesetzten Neufassung des § 218 mit ihrem umfassenden Katalog an Unterstützungsmaßnahmen für Mütter und Kinder, droht durch die Sparvorhaben des Finanzministers der materielle Boden entzogen zu werden, noch bevor in Karlsruhe über die Verfassungskonformität des neuen Abtreibungsparagraphen entschieden ist.
Allerdings besteht ein signifikanter Unterschied zum Reformbedarf, der sich in der Adenauer-Ära aufgestaut hatte. Seinerzeit ging es um gesellschaftliche Herausforderungen im Rahmen des Nationalstaats Bundesrepublik. Heute ist, zusätzlich zum innergesellschaftlichen Reformbedarf, ein enormer Veränderungsdruck von außen entstanden, durch die deutsche Vereinigung, aber auch durch die Neuordnung Europas. Insgesamt ist Reformpolitik im Vergleich zu den sechziger Jahren globaler geworden: Über Umweltschutz wurde damals noch gar nicht nachgedacht; Armut und Hunger in der Dritten Welt wurde intensiv bedauert, sie gingen uns aber nicht so unmittelbar an, wie das heute der Fall ist. Die Befreiung Ostdeutschlands wie auch der Völker im Osten und Südosten Europas von sowjetischer Vormundschaft wurde zwar eingefordert; niemand mußte sich jedoch ernsthafte Gedanken darüber machen, was wäre, wenn es tatsächlich dazu kommt. Der Ansatz unseres politischen Denkens ist notwendig global, grenzüberschreitend geworden, das gilt für die nationalstaatlichen Grenzen, aber auch für die Klassengrenzen, schließlich für die Grenzen zwischen den einzelnen Fachgebieten der Politik.
Mit den Rezepten der Vergangenheit ist da nichts zu machen, noch mit einem bloß innenpolitischen Reformansatz und schon gar nicht mit einer Haltung des Abwartens und bloßen Reagierens auf die neuen Umstände. Interessanter-

weise aber werden die veränderten Bedingungen nur dann als Argument herangezogen, wenn es darum geht, unsere Verfassungsgrundsätze aufzuweichen – ob beim Recht auf Asyl, beim Schutz des Bürgers vor staatlichen Einbrüchen in seine Privatsphäre oder beim Zurückhaltungsgebot für Bundeswehreinsätze. Weil die Welt so kompliziert geworden ist, heißt es dann, müssen wir unsere Verfassung eben anpassen an neue Bedingungen. Vom »Hut« ist die Rede, den man austauschen müsse, wenn der Kopf größer geworden ist. Die Verfassung ist aber keine Kopfbedeckung, sie ist der Boden selbst, auf dem staatliches Handeln stattfindet. Damit sind die Buchstaben des Grundgesetzes nicht auf ewige Zeiten sakrosankt, ich hätte mir beispielsweise eine größere Offenherzigkeit gewünscht in der Diskussion darum, ob die deutsche Vereinigung nicht auch eine gemeinsame Debatte um eine neue, gemeinsame Verfassung zur Folge haben müßte. Aber die Kriterien der Rechtsstaatlichkeit, die uns das Grundgesetz aufgibt, können nun nicht bei jeder Gelegenheit zur Disposition gestellt werden – im Gegenteil: sie sind sozusagen die Mindestausrüstung, mit der wir die Gestaltung der Zukunft angehen können.

Vor dem Stau ist gewarnt worden, vor allem vor dem Irrglauben, die deutsche Vereinigung könne gewissermaßen kostenlos und im Handumdrehen erledigt werden, wenn man nur von einer Reformpolitik Abstand nähme. Aber seit Oskar Lafontaine die Bundestagswahl 1990 verloren hat, wirken auch manche Reformkräfte wie gelähmt. Oskar, so hat man interpretiert, sei gescheitert, weil unsere Reformideen typische Produkte der satten West-Gesellschaft seien; im vereinten Deutschland sei für größere Reformvorhaben kein Platz und vor allem kein Geld. Reformpolitik wird nach dieser Lesart zu einem Luxusartikel.

Tatsächlich aber hatte Reformpolitik im vermeintlich so satten Westen damit zu tun, daß es einen hinlänglichen Vorrat an Ungerechtigkeiten mitten in der Wohlstandsgesellschaft gab. Diese Widersprüche haben sich im vereinten Deutschland noch verschärft. Auch die Jahrhundertaufgabe des ökologischen Umbaus ist durch die deutsche Vereinigung nicht etwa von der Tagesordnung verschwunden, sondern allenfalls noch dringlicher geworden. Ich behaupte, daß gerade der mangelnde Reformelan angesichts der Herausforderungen deutscher Einigung eine der Hauptursachen dafür ist, daß aus der anfänglichen Hochstimmung, der Bereitschaft, für die Integration der ostdeutschen Bundesländer Opfer zu bringen, eine »Ich-seh-doch-gar-nicht-ein«-Mentalität geworden ist. Wenn man das Beispiel eines kleinen Handwerkers auf dem niedersächsischen Flachland nimmt, der sein Leben lang von einer größeren Reise geträumt hat, kann ich diese Bitterkeit sogar verstehen. Ein halbes Jahr, nachdem die Kinder aus dem Haus waren und er endlich anfangen konnte, hundert Mark im Monat für diesen Urlaub wegzulegen, hat man ihm genau diesen Betrag mit dem Solidaritätszuschlag wieder genommen. Ich bin sicher, für ein lohnendes Ziel, für echte gesellschaftliche Verbesserungen und unter der Voraussetzung, daß die Lasten gerecht verteilt sind, hätte er es gern abgegeben.
Wir haben das in Niedersachsen deutlich sehen können: Wo wir Reformen eingeleitet haben, die den Menschen nützen, ob bei den Kindergartenplätzen oder der Lernmittelfreiheit, stoßen wir auf breite Zustimmung. Von allgemeiner Reformmüdigkeit kann überhaupt keine Rede sein. Welche Arroganz und Geringschätzung der Masse der Wähler steckt dahinter, etwa den ökologischen Umbau zu einem exklusiven

Hobby der Reichen zu erklären, an dem die sozial Schwächeren in schweren Zeiten keinerlei Interesse haben.
Um nicht mißverstanden zu werden: Große Verteilungsspielräume sind nicht vorhanden, die Bundesrepublik befindet sich, betriebswirtschaftlich gesprochen, in einer Konsolidierungsphase. Wir müssen noch das Großprojekt der Pflegeversicherung anpacken und dies auch sozialverträglich umsetzen. Aber es ist eine Illusion zu glauben, der Wohlfahrtsstaat ließe sich im gegenwärtigen Stadium noch steigern. Das ist auch gar nicht nötig, denn bis auf den Ausnahmefall der Absicherung des Pflegefallrisikos sind die sozialstaatlichen Instrumente, die wir brauchen, vorhanden. Es geht in der Sozialpolitik nicht um größere Gießkannen, sondern um bessere Kriterien.
Sozialpolitisch haben wir es seit Bestehen der Bundesrepublik mit der Auseinandersetzung zweier Lager zu tun, die ich einmal die »Individualisten« und die »Verstaatlicher« nennen möchte. Gegenwärtig wird, nicht nur in Deutschland, das Individualitätsprinzip etwas überbetont. Die These, daß jeder sich besser selber helfen könne, wenn ihm nur der Staat vom Leibe bleibt, hat zweifellos ihre Gültigkeit – für ein Drittel der Gesellschaft. Für die anderen zweite Drittel führt dies thatcheristische Prinzip nicht zu mehr, sondern zu weniger Individualität, zu weniger Selbstverwirklichung und Emanzipation. Andererseits endet die Neigung der Sozialpolitiker, alles und jeden zu organisieren, beim Betreuungsstaat, in dem kaum noch Platz ist für die individuelle Lebensgestaltung. Im Systemvergleich mit der einstigen DDR konnten erstaunlicherweise auch manche westdeutsche Linke dem SED-Modell der sozialen Sicherung einiges abgewinnen. Abgesehen davon, daß über die miserable Qualität vieler sozialer Einrichtungen der DDR kaum etwas bekannt

war, haben diese sympathisierenden Linken schlicht übersehen, welch enger Zusammenhang besteht zwischen einer sozialen Durch-und-durch-Betreuung und der politischen Entmündigung. In der DDR war das soziale Netz so engmaschig geknüpft, daß der einzelne sich in ihm nur verfangen konnte.

Die Frage, die sich uns stellt, lautet: Wieviel Sozialstaatlichkeit brauchen wir und wieviel dürfen wir? Darauf gibt es keine einfache Antwort, sie kann nur ermittelt werden im Wettstreit zwischen den »Individualisten« und den »Verstaatlichern«. Das ist ein durchaus heilsamer politischer Kampf, und es ist auch nicht tragisch, wenn mal die eine Seite die Oberhand gewinnt, mal die andere. Nur, Waffengleichheit muß herrschen in dieser Auseinandersetzung, dann kommen wir auch zu ordentlichen Ergebnissen, vor allem: zu der allseits gewünschten und nötigen Entbürokratisierung der Sozialpolitik.

Ich will das an einem Beispiel verdeutlichen: Wir haben den niedersächsischen Wohlfahrtsverbänden nicht etwa gesagt, jetzt ist Schluß, die rot-grüne Regierung fördert nur noch Selbsthilfemodelle. Wir haben die Verbände aufgefordert, sich die Selbsthilfegruppen näher anzuschauen, zu prüfen, was an deren Arbeit besser, weniger bürokratisch und effektiver ist, und darüber nachzudenken, welche Elemente sie für ihre Verbandsarbeit übernehmen können. Den Selbsthilfegruppen, die zu fördern wir versprochen haben, wurde deutlich gemacht, daß zum Bezug von »Staatsknete« ein Mindestmaß an Nachweisbarkeit der Mittelverwendung gehört. Damit werden die nicht alle zu Buchhaltern, aber die Notwendigkeit, die eigene Arbeit immer wieder zu überprüfen, schadet auch in dezentralen, unmittelbar bürgernahen Selbsthilfeprojekten nicht.

Der Wettbewerb zwischen den traditionellen Verbänden und den, meist in den siebziger und achtziger Jahren entstandenen Selbsthilfegruppen hat eine durchaus gesellschaftspolitische Dimension. Wir brauchen Reformen in den Strukturen und in den Köpfen. Nicht nur die politischen Parteien, sondern auch Kirchen und Gewerkschaften haben rapide an Legitimation und Zulauf verloren. Die verkrusteten Strukturen in manchen Wirtschaftsverbänden, die Selbstverständlichkeit, mit der man dort davon ausgeht, in die gesellschaftlichen und politischen Angelegenheiten hineinregieren zu dürfen – das geht bis hin zu Aufforderungen an den Ministerpräsidenten, bestimmte Gruppen, die er zur Diskussion eines Projekts von öffentlichem Interesse an einen »runden Tisch« gebeten hat, wieder auszuladen – zeugen von einem erheblichen Reformstau. Das gilt genauso für die Verbände, die sich traditionell bestimmter gesellschaftlicher Aufgaben oder sozialer Interessenvertretung gewidmet haben.

Wenn wir also die Arbeitslosen- oder Behindertenselbsthilfe fördern oder Umweltinitiativen, dann geschieht das auch im Bestreben, nach neuen gesellschaftlichen Organisationsformen zu suchen; zumindest aber, den von allein entstandenen, dezentralen Organisationen Chancengleichheit gegenüber den zentral und hierarchisch gestalteten Verbänden einzuräumen. Wenn man so will, läßt sich auch auf diesem Gebiet einiges Mehr an Demokratie wagen.

Man wird freilich keinen großen Reformeifer mobilisieren können, wenn man die Politikfelder gegeneinander ausspielt.

Es ist schon erstaunlich: Da belegen immer mehr Industriemanager Trainingskurse für »ganzheitliches Denken«, und in der Politik tobt sich nach wie vor ein munterer Autismus der Partikularinteressen und des Lobbydenkens aus. Wo die Verpflichtung auf das Gemeinwohl besonders laut betont wird, hat man allen Grund, Verdacht zu schöpfen, daß es nur darum geht, welcher Einflußgruppe es gelingt, ihr Einzelinteresse als das der Gemeinschaft auszugeben. Es ist mehr als ein Eindruck, daß in Teilen der Autoindustrie intensiver über integrierte Verkehrskonzepte nachgedacht wird als im dafür zuständigen Bundesverkehrsministerium.

Einer der wichtigsten Ansätze bei der Formulierung rot-grüner Reformpolitik bestand folglich zunächst darin, nicht etwa einen Wunschzettel auszufüllen, auf dem jede Untergruppe der Gesellschaft möglichst viele ihrer Herzensanliegen wiederfinden könnte, sondern einen ganzheitlichen Zugang zu wählen. Damit war zugleich festgelegt, daß es die politischen Gegenrechnungen unseligen Angedenkens mit uns nicht geben würde: Arbeitsplätze gegen Umweltschutz, Kindergartenplätze gegen Studienplätze, Wohnungsbau gegen sozialverträgliche Mieten ...

Nachdem unser Bundesland vor allem in den letzten Jahren der CDU-geführten Landesregierung gesellschaftspolitisch zum Stillstand gekommen war, ließ sich der aufgetretene Reformstau nur auflösen, wenn wir die Hebel koordiniert ansetzten: Ohne eine Stärkung der Wirtschaftskraft, so hieß es bereits in unserer ersten Regierungserklärung im Juni 1990, würden wir gesellschaftlich unsere Leistungsfähigkeit nicht wiedererlangen; ohne Bewahrung und Wiederherstellung von Natur und Umwelt würden sich die Lebensbedingungen nicht aufrechterhalten, geschweige denn verbessern lassen. Ohne substantiellen Ausbau des Bildungswesens würden wir die, von Gutachtern wie dem IFO-Institut für Niedersachsen konstatierten Qualifikationsdefizite nicht beheben können. Ohne die Klammer einer solidarischen Po-

litik schließlich müßte die gesellschaftliche Integration und mithin jeder ernsthafte Reformanspruch scheitern; ohne eine bewußte Frauenpolitik wiederum würden wir die Kreativität und Energie von mehr als der Hälfte unserer Bevölkerung nicht nutzen können.
Ein derart integriertes Konzept läßt sich nicht umsetzen, wenn man bloß Ressortzuständigkeiten verteilt und dann zusieht, wenn die Ministerien um das fehlende Geld streiten wie die Kesselflicker. In der Koalition ist Umweltpolitik keineswegs nur Sache des Umweltministeriums; so wie Frauenpolitik Eingang in sämtliche Politikbereiche finden muß, nicht bloß ins Frauenministerium.
Eine Reformpolitik, welche mehr Gleichheit der Lebenschancen, bessere Voraussetzungen zur Selbstverwirklichung und einen ökologischen Kurswechsel zum Ziel hat, läßt sich aber auch nicht ex cathedra verkünden und realisieren – das wäre auch ein Widerspruch zur angestrebten Emanzipation der Menschen. Es genügt auch nicht, sich für dieses oder jenes Reformvorhaben Mehrheiten im Parlament zurechtzuzimmern. Es sind die gesellschaftlichen Mehrheiten, die von Fall zu Fall immer wieder errungen werden müssen. Das geht nur über eine inhaltliche Ausweitung der Demokratie; darüber, daß man die Bürger nicht als Konsumenten, sondern als Produzenten von Politik begreift. Einen Öko-Fonds mit 250 Millionen Mark auszustatten, nützt herzlich wenig, wenn damit keine private Initiative zur Nutzung dieser Mittel provoziert wird. (Es geschieht aber, bereits im ersten Jahr gingen 6000 Förderungsanträge ein – von der Produktion eßbarer Verpackungen für Imbißbuden bis zur Einspeisung industrieller Abwärme in die kommunale Energieversorgung –, mehr als der Fonds auszahlen kann.) Eine noch so komfortable rot-grüne Mehrheit im Landtag bleibt wir-

kungslos, wenn es nicht gelingt, gerade die kritischen, hochkommunikativen Schichten in den Reformprozeß einzubeziehen – durch eine aktive Kulturpolitik zum Beispiel oder durch die nachhaltige Unterstützung von Selbsthilfeprojekten. Man kann noch so viel Geld in die Sozialhaushalte pumpen, es wird nie reichen, wenn es nicht gelingt, die Ausgrenzung alter Menschen zu verhindern – durch Integration von Altenwohnungen in die Wohngebiete etwa.

Gerade weil die Kassen leer sind, verbietet sich die Vorstellung einer Reformpolitik mit der Gießkanne, die ansonsten auf innerlich desinteressierte Bürger trifft. Mehr noch als Geld braucht die Reformpolitik die Mitarbeit organisierter und unorganisierter, engagierter Menschen.

Und das nicht nur, weil gespart werden muß. Gerade in der Ausländerpolitik haben wir gesehen, wie schnell parlamentarische Mehrheitspositionen – auch in Niedersachsen – in gesellschaftliche Minderheitspositionen umkippen können; und wie sehr es der Aktivität der ganzen Gesellschaft bedarf, um den Fremdenhaß einzudämmen. Die Zeiten sind vorbei, da die »Solidarität der Demokraten« schon vollmundig postuliert werden konnte, wenn ein kleiner oder großer Krisenstab aus Abgesandten der drei etablierten Parteien tagte. Die Reformen, die wir heute für unsere Zukunftsfähigkeit brauchen, sind zu wichtig, als daß man sie den Parteien allein überlassen könnte.

Verfassungs-Schutz oder Parteien-Staat

Die »Politikverdrossenheit« ist zum Wort des Jahres 1992 erklärt worden – noch vor der »Ausländerfeindlichkeit«, und das will schon etwas heißen. So etwas wie die kleinere Ausgabe der »Politikverdrossenheit« ist die »Parteienverdrossenheit«. In Wahrheit ist letztere wohl der Schneeball, der sich zur Lawine ausgewachsen hat.
Ohne der ehrenwerten Gesellschaft für deutsche Sprache, welche die Wahl vorgenommen hat, zu nahe treten zu wollen: Ich wünschte, sie hätte diesem Unwort nicht noch zu weiterer Prominenz verholfen. »Politikverdrossenheit«, das klingt schon so, als könnten es sich nur die ausgedacht haben, die im Zentrum der Kritik stehen, die Politiker also. Ein Grund des Verdrusses liegt eben auch an der Neigung derer, die Politik machen, die Dinge möglichst ungenau auszudrücken, um die zuweilen bitteren Wahrheiten herumzureden, mit möglichst sperrigen Begriffen das Denken zu blokkieren. Warum sagt man nicht einfach, was ist, nämlich daß das Volk die Schnauze ziemlich voll hat von der Art und Weise, wie bei uns Politik gemacht wird, und auch von denen, die sie machen? Nur 28 Prozent der Bevölkerung, so steht es in den Meinungsumfragen, sind der Meinung, daß in der Politik noch die richtigen Leute sitzen. Bei so mancher Landtagswahl ist die Partei der Nichtwähler schon zur stärksten Oppositionspartei geworden, gemessen an der Zahl aller Wahlberechtigten. Für eine Demokratie sind das ziemlich alarmierende Zahlen. Nicht weniger alarmierend

als die Wahlerfolge von NPD, DVU oder Republikanern. Erfolge, welche die demokratischen Parteien sich noch immer geradezu schönreden als »Äußerungen von Protestwählern«. (Wir erinnern uns: So hat man auch die Grünen von der Tagesordnung debattieren wollen.) Aber selbst wenn: Gegen was wird denn hier so heftig protestiert, daß das Spektrum der einander in Regierung und Opposition befehdenden Parteien dafür nicht mehr ausreicht? Ganz offensichtlich gelingt es den Parteien des demokratischen Spektrums nicht mehr, den Wählerwillen umfassend zu spiegeln – bis ein Wähler-Unwillen daraus wird.
Noch alarmierender finde ich es, daß beispielsweise bei der Münchner Lichterkette gegen Fremdenfeindlichkeit und Rassismus, die zu einer überzeugenden Demonstration demokratischen Gemeinsinns geriet, die Parteien explizit von der Organisation ausgeschlossen waren. So hocherfreulich es ist, daß die Bürger dort die Sache der Demokratie in die eigenen Hände genommen haben, so nachdenklich muß das die Parteien stimmen, die sich doch bislang gern in der Rolle sahen, sie seien gewissermaßen die Demokratie selbst und für die Organisation derselben ausreichend. Mir sind sehr viele junge Leute bekannt, die sich, etwa bei den Schülerdemonstrationen gegen den Rechtsextremismus, aufopferungsvoll hervorgetan haben, deren demokratisches Engagement für eine gerechtere Welt, deren Umweltbewußtsein und Solidarität mit Schwächeren großartig sind – die aber nicht im Traum auf die Idee kämen, einer Partei beizutreten. Wenn die Parteien diese kritischen Jugendlichen nicht mehr einbinden können, werden sie irgendwann mit all ihren gigantischen Apparaten einfach in sich zusammenbrechen wie der sprichwörtliche Koloß auf tönernen Füßen.
Ganz sicher ist viel Heuchelei in der Diskussion um die Ver-

fehlungen der Parteien, Heuchelei auf beiden Seiten. Einerseits erwartet man von den Parteien, daß sie Lösungen entwerfen für die immer komplexeren Probleme; andererseits sollen sie sozusagen auf ein Amateurstatut verpflichtet werden. Es ist einfach, populär und natürlich richtig, darauf hinzuweisen, daß es im Grundgesetz heißt, die Parteien wirkten an der politischen Willensbildung *mit.* Man darf dabei aber nicht übersehen, welchen Aufwand allein diese *Mit*wirkung heute erfordert, welche Vielzahl von Problemen mit Sachverstand und in Kenntnis der politischen, auch der internationalen Prozesse erforscht und aufgearbeitet werden müssen, um politische Lösungen auch nur vorzubereiten. Das geht nicht ohne Menschen, ohne professionelles Management und auch nicht ohne Geld. Ich bin ein großer Freund des Amateurfußballs. Aber man wird, selbst wenn dort zuweilen beherzter gespielt wird als in den satten Profiligen, mit einem Landesligaklub nur selten in die Endrunde des Europapokals vorstoßen. Oder, um beim Sport zu bleiben: Im Zeitalter der Hochleistungsathletik kann man Dopingfällen nicht mit Laienrichtern beikommen. Wenn die Parteien sich andererseits aus ihrer Bestimmung als allgemein zugängliche Foren der gesellschaftlichen Diskussion und als Vorbereiter von Entscheidungen verabschieden und zu zwanglosen Debattierklubs mutieren, kommen wir vom Regen der Parteiendemokratie in die Traufe der Technokratie oder anderer Herrschaftsformen der Besserwisser.
Damit ist nichts gesagt über die aktuelle Praxis der Parteien, und sicher ist ebenso viel Heuchelei darin, wenn die jetzt Kritisierten beispielsweise dem Bundespräsidenten, der mit Recht zu den oft anmaßenden parteipolitischen Gewohnheiten klare Worte gesagt hat, zum Vorwurf machen, er sei schließlich selbst über eine Parteikarriere in sein hohes Amt

gelangt. Da kommt ein Kodex der Kumpanei zum Vorschein, der eigentlich Gangsterbanden vorbehalten bleiben sollte. Ich sage das bewußt auch in Richtung auf die SPD: Der Satz: »Lieber mit der Partei irren, als gegen die Partei recht haben« hat Sinn gemacht, als Tausende von Sozialdemokraten in den Lagern der Gestapo gefoltert wurden; in der Demokratie gilt der umgekehrte Satz.
Natürlich hat der Bundespräsident das Recht und auch die Pflicht, auf Mißstände wie die unmäßige Machterweiterung der Parteien hinzuweisen. Er tut dies ja auch nicht ohne Not: Zu diesem Thema haben sich kritische Journalisten geäußert, so hat Dagobert Lindlau schon 1987 von einem »schleichenden Staatsstreich« der Parteien geschrieben. Nur haben die Kritisierten gemeint, darauf nicht hören zu müssen. Unterdessen sind wir, die Politiker der Parteien, natürlich nicht mehr unschuldig daran, daß in der gegenwärtigen Diskussion häufig das Kind mit dem Bade ausgeschüttet, die Anmaßung einiger mit der Aktivität aller gleichgesetzt wird. *Die Parteien* gibt es so wenig wie, fast ebenso in der Schelte stehend, *die Medien.* Im Zweifelsfall kann das Mitglied im Ortsverein ebenso wenig für die Fehltritte seines Bundesvorstandes wie der gewissenhaft recherchierende Reporter für die böse Schlagzeile seines Blattes – allerdings haben beide es in der eigenen Hand, diese Dinge zu kritisieren.
Die Erfahrung lehrt andererseits, daß das so eingängige Bild nun auch nicht stimmt, das in den unteren Gliederungen, an der »Basis« also, immer nur die Guten zeichnet und die Bösen ausschließlich an der Spitze. Im Vergleich zum schon spartanisch zu nennenden Habitus Herbert Wehners hat mancher Ortsbürgermeister sich nachgerade aufgeführt wie ein Sonnenkönig.

Zur Diskussion stehen weniger die Mißgriffe einzelner, als das System der Parteiendemokratie insgesamt. Wer erinnert sich noch an all die schönen Versprechungen von »gläsernen Parteikassen«, die man zerknirscht gemacht hatte, als Flick-Affäre und der Skandal um die Geldwaschanlagen der Parteien publik geworden waren?
Sollen die Parteien ihrem Auftrag nachkommen, für die Gesellschaft Konfliktlösungen zu erarbeiten, ist eine gewisse finanzielle Grundausstattung unerläßlich. Schließlich können wir die Parteien nicht von Müllermilch sponsern lassen (das ist weniger lustig gemeint, als es klingt: Fußballer tragen den Namen ihres jeweiligen Vereinsgönners wenigstens auf der Brust; der CDU-Slogan »Wählt Flick!« war bloß eine satirische Schlagzeile der *taz*). Aber es muß endlich eine gesellschaftliche Übereinkunft her darüber, wie diese Finanzierung aussehen soll, und wir müssen unsere Phantasie anstrengen, wer die Parteienfinanzierung auf welche Weise kontrollieren soll. Solange dies die von den Abgeordneten derselben Parteien besetzten Parlamente tun, solange Rechnungshöfe und höchste Gerichte – bezeichnenderweise ja auch nach dem Parteienproporz besetzt – nur im nachhinein, ohne größere Auswirkungen auf die Praxis, Einnahmen und Ausgaben überprüfen, wird ein Mißtrauen bleiben.
Wie weit einige Parteipolitiker beim Abstecken ihrer Einflußzonen übers Ziel hinausschießen, läßt sich an der sehr aktuellen Kontroverse um die Verfassungs-Kommission ablesen. Dieses Gremium, das mit der Aktualisierung unseres Grundgesetzes befaßt ist, unterliegt immer wieder Pressionen, die darauf hinauslaufen, der CDU angehörende Kommissionsmitglieder in ihrer Unabhängigkeit zu beschränken und sie auf Beschlüsse der CDU-Bundestagsfraktion festzu-

legen. Es ist schon weit gekommen, wenn derart eklatant verfassungswidrige Praktiken nicht einmal mehr vor der Arbeit am Grundgesetz haltmachen.
Die Parteien selbst müssen den Rückzug aus ihrer vorherrschenden Position antreten. Sie müssen anderen Organisationsformen der Bürger, ob nun Bürgerinitiativen oder Selbsthilfegruppen, die gleichen Rechte einräumen wie den hergebrachten und nach Vereinsrecht registrierten. Sie müssen vor allem dafür sorgen, daß eine gesellschaftliche Debatte in Gang kommt, wie die nicht unmittelbar staatlichen öffentlichen Aufgaben demokratisch und kompetent gelöst werden können, ohne wiederum zu Erbhöfen einzelner Interessengruppen zu werden.
Der Kraftaufwand, mit dem die Parteien sich in diesen Bereichen ersetzbar machen sollen, ist übrigens schon deshalb nötig, weil die politischen Parteien einen wesentlichen Teil ihrer Energie endlich auf ein ganz anderes Thema verwenden müssen: auf ihre eigene Modernisierung.
Weder SPD noch CDU, FDP oder Grüne sind heute noch die Parteien, die sie bei ihrer jeweiligen Gründung waren. Salopp formuliert: Die Grünen, die lange Zeit sich für eine Inkarnation des Jugendlichen hielten, überlegen heute ernsthaft, eine eigene Jugendorganisation zu gründen; die FDP kommt mit Zahnärzten und Rechtsanwälten auch nicht mehr über die Runden; die beiden großen Volksparteien spüren, daß die alten politischen Platzanweisungen sich nicht mehr von selbst verstehen.
Womöglich hat die SPD mit dieser Modernisierung die größten Schwierigkeiten, weil ihre Tradition weiter zurückreicht als die der anderen Parteien und weil ihre Bestimmung eine Gratwanderung erfordert: Sie kann nicht mehr Partei *und* Arbeiterbewegung sein, muß aber gerade im Wan-

del der Gesellschaft von einer Industrie- zu einer Dienstleistungsgesellschaft dem Solidaritätsprinzip und dem Kampf um soziale Gerechtigkeit verpflichtet bleiben. Andererseits ist sie, gerade aufgrund ihrer fortschrittlichen Tradition, erste und wichtigste Adresse bei der ökologischen und rechtsstaatlichen Ausgestaltung der Zukunft. Das scheinbar eherne Bündnis mit den Gewerkschaften ist nunmehr Belastungen unterworfen: die Gewerkschaften erleben den Strukturwandel der Gesellschaft ebenfalls, auch sie sind längst keine »Arbeitervereine« mehr. Die materiellen Interessen jedoch, die sie im Namen ihrer Mitglieder zu vertreten haben, korrelieren nicht mehr automatisch mit den Zielen, welche die SPD als moderne und soziale Partei entwickeln muß. Das heißt keineswegs, daß sich SPD und Gewerkschaften einander notwendig entfremden; es sagt nur, daß beide für sich selbst um neue gesellschaftliche Mehrheiten ringen müssen.

CDU, FDP und Grüne sind ihrerseits Konflikten ausgesetzt: Die CDU kann nicht mehr automatisch, das hat die Debatte um den § 218 gezeigt, die Partei des Klerus sein; die FDP muß inzwischen rechtsstaatliche Liberalität gegen ungehemmten Wirtschaftsliberalismus abgrenzen; die Grünen wiederum haben feststellen müssen, daß auch ihre Klientel Antworten auf unvorhergesehene Fragen wie die nach der deutschen Einheit erwartet. Derweil reibt sich die CSU auf zwischen den Partikularinteressen ihrer heimatlichen Funktionsträger und der mit ihnen verbandelten bayerischen Wirtschaft einerseits und den Sparzwängen des CSU-Finanzministers andererseits – der wohl als erster Sparkommissar in die Geschichte eingehen dürfte, der allseits das Wasser des Verzichts predigt und den sündteuren Treibstoff für ein unnötiges Jagdflugzeug ausschenkt – nur weil das vielgepriesene bayerische »Wirtschaftswunder« der siebziger und achtziger Jahre großteils auf einen, inzwischen eher obsoleten, militärisch-industriellen Komplex gegründet war.

Es sind die Parteien selbst, die sich den Verdruß der Bürger an ihnen zuzuschreiben haben. Lange genug haben sie die Widersprüche zwischen der Sicherheit ihrer angestammten Positionen und den Bedürfnissen der modernen Gesellschaft verdrängt. Politische Arroganz gegenüber denjenigen, auf deren Mandat sich die Parteien so gern berufen, war die notwendige Folge. Nunmehr steht eine vertrackte gymnastische Aufgabe auf dem Programm: der Spagat zwischen einem umfassenden gesellschaftlichen Diskurs über die Bewältigung der Zukunftsaufgaben und dem Wiedergewinn ihrer traditionellen politischen Anhängerschaft.

Spagat

Vor Greenpeace ist niemand sicher, auch nicht der Ministerpräsident einer rot-grünen Landesregierung. Das ist gut und richtig so, obwohl ich natürlich nicht gerade stolz bin auf die Tausende vorgedruckter Protestpostkarten, in denen Greenpeace meiner Regierung gewissermaßen einen Mordversuch am Wattenmeer vorwirft. Mich hat dieser Protest tief getroffen, gerade wegen des Absenders: Die Leute von Greenpeace habe ich immer bewundert – für ihren Mut, ihre Entschlossenheit wie auch für ihre unbedingte Unbestechlichkeit. Welch hohen Respekt ich vor diesem »Umweltgewissen« habe, läßt sich daran ablesen, daß ich für die Berufung der Greenpeace-Geschäftsführerin Monika Griefahn ins Kabinett sogar einen Krach mit den Grünen riskiert habe, die das Umweltressort für sich reklamierten. Als Umweltministerin steht Monika Griefahn nun, bezüglich des Wattenmeeres, selbst in der Kritik ihrer einstigen Mitarbeiter.
Dabei hat sie keineswegs ihre Ideale verraten, und der Streitfall, die Anlandung einer Erdgasfernleitung »Europipe« von Norwegen an die niedersächsische Nordseeküste, ist auch beileibe nicht der ökologische Sündenfall dieser Regierung. Wir haben es vielmehr mit einem Konflikt zwischen verschiedenen ökologischen Gesichtspunkten zu tun, und leider auch mit einem Streit um Symbole. Wenn zum Beispiel Vertreter des World Wildlife Fund erklären, die Ökobilanz des Projekts interessiere sie nicht, hier gehe es ums Prinzip,

dann muß man aufpassen, sich nicht zu Spiegelfechtereien verleiten zu lassen.
Die Sache ist von grundsätzlicher Bedeutung. Da ist einmal die Erdgaspipeline, die für den gesamten deutschen, zum Teil auch westeuropäischen Markt, bis zu 23 Milliarden Kubikmeter Nordseegas liefern könnte. Unbestritten ist Erdgas zwar keine Alternative zur Energieeinsparung und zum Einsatz erneuerbarer Ernergien, von den derzeit in großen Mengen zur Verfügung stehenden Brennstoffen aber sehr wohl der sauberste. Wir brauchen Erdgas, um endlich das Atomkraftwerk Stade vom Netz zu nehmen, wir brauchen Erdgas für die Realisierung unserer umwelt- und energiepolitischen Ziele – etwa den Bau neuer Blockheizkraftwerke und die Ersetzung anderer, weniger umweltschonender Energieträger; schließlich brauchen wir größere Mengen Erdgas, wenn wir insgesamt die Stromerzeugung aus Kernkraft ersetzen wollen. Dafür hatte übrigens Greenpeace selbst das entsprechende Gutachten in Auftrag gegeben. Das Öko-Institut hatte darin ausgerechnet, daß bei einem Ausstieg aus der Kernenergie – auch wenn alle nur möglichen Einsparpotentiale und Potentiale regenerativer Energien realisiert würden – der Bedarf an Erdgas bis zum Jahre 2000 um rund 30% steigen müßte.
Auf der anderen Seite sind Eingriffe in die besonders sensible, schutzwürdige Natur des Wattenmeeres kaum mehr zu vertreten. Das Wattenmeer, eine Art biologischer Kläranlage und Heimat einer Vielzahl seltener heimischer Lebewesen und für Vögel aus ganz Nordeuropa, ist durch Schadstoffe ohnehin schon außerordentlich belastet worden; Anwohner und Naturschützer haben im Verbund mit verantwortungsbewußten Umweltpolitikern lange genug darum gekämpft, das Watt als Nationalpark unter besonderen Schutz zu stellen.

Die Ausgangslage ist also derart, daß wir einerseits das Erdgas brauchen und, da der Mehrbedarf nur durch Importe zu decken ist, mithin auch die Pipeline. Andererseits darf das Wattenmeer möglichst gar nicht angetastet werden. Die Preisfrage heißt folglich, sich auf eine Technik zu verständigen, mit der das Erdgas günstig und sicher angelandet werden kann, die aber das Ökosystem möglichst wenig belastet. Nach dem derzeitigen Erkenntnisstand ist das eine Untertunnelung des trockenfallenden Wattenmeeres auf 2,6 Kilometer Länge zwischen den Inseln Baltrum und Langeoog. Dabei soll der Stollen teleskopartig vorgetrieben werden. Es findet eine landespflegerische Begleitplanung nach den Bestimmungen des niedersächsischen Naturschutzgesetzes statt. Darüber hinaus wird es ein Beweissicherungsverfahren zur Erfolgskontrolle der zu treffenden Ausgleichs- und Ersatzmaßnahmen geben. Für diese Vorgehensweise ist nunmehr in förmlichem Verfahren die Genehmigung beantragt worden. Daneben aber werden die Zusammenhänge des Projektes in einer Arbeitsgruppe besprochen, in der die beteiligten Ministerialbeamten regelmäßig mit Vertretern der Umweltverbände, der norwegischen Betreiberfirma Statoil sowie deutschen Erdgasunternehmen zusammenkommen.
An die in dieser Gruppe gepflegte Offenheit – auch die Vertreter der Landesbehörden diskutieren dort ohne Scheu über ihre Meinungsverschiedenheiten – müssen sich manche erst gewöhnen. Wer es nie nötig hatte, auch mit den Gegnern oder Kritikern eines Projektes zu sprechen, hat es nicht immer leicht zu akzeptieren, daß auch die Umweltverbände in erster Linie Interessenverbände sind, die dasselbe Recht haben, einseitige Erklärungen abzugeben, wie eine Betreiberfirma oder die Industrie- und Handelskammer. Auch ha-

ben wir die Statoil-Vertreter anfangs recht nachhaltig darauf hinweisen müssen, daß vor allem eine politische Akzeptanz für das Projekt geschaffen werden muß und sie deshalb nicht erwarten können, ein von ihnen für gut befundenes technisches Verfahren sei schon deshalb ohne Diskussion von Alternativen als allein seligmachend anzusehen. Auch der Gedanke an intelligente Ausgleichs- und Ersatzmaßnahmen, die zu einer dauerhaften Verbesserung der ökologischen Situation im Bereich des Wattenmeeres führen, war unseren Gesprächspartnern nicht von Beginn an selbstverständlich, wurde dann aber bereitwillig aufgegriffen.
Statoil hat sich diesem Diskussionsstil nicht verschlossen, und zu den seltenen Beweisen, daß aus Geschichte doch gelernt werden kann, zählt für mich der Umstand, daß das Statoil-Management sich in einer bestimmten Phase Rat beim Projektleiter der Firma Mercedes geholt hat, der mit uns so erfolgreich über die Teststrecke verhandelt hat.
Es geht beim Thema Europipe aber noch um ein viel weitreichenderes Problem, gerade weil hier gewissermaßen Ökologie gegen Ökologie steht, und nicht, wie so oft, Ökologie gegen Ökonomie. Derzeit dürfte außer Zweifel stehen, daß eine Lösung, die alle Beteiligten restlos zufriedenstellt, kaum gefunden werden kann. Nehmen wir nur den von Greenpeace als Alternative aufgebrachten Vorschlag, das Gas durch eine Pipeline zu führen, die im belgischen Zeebrügge anlandet. (Der besonders sensible Bereich des europäischen Wattenmeeres reicht von Esbjerg in Dänemark bis Den Helder in den Niederlanden, innerhalb dieses Gebietes wäre eine Anlandung der Pipeline nirgends weniger problematisch als in Niedersachsen.) Die Trasse Zeebrügge wäre fast doppelt so lang wie die Europipe, sie bräuchte vier Verdichterstationen statt einer, mit einem jährlichen Erdgasver-

brauch und Kohlendioxyd- sowie Stickoxyd-Emissionen, die viermal so hoch wären wie bei einer Anlandung der Trasse in Emden. In den Niederlanden und Belgien würde die Trasse durch ausgewiesene Landschafts- und Naturschutzgebiete führen müssen – ein ökologischer Gewinn wäre das nicht einmal nach dem »Sankt-Florians-Prinzip«.

Der Versuch, hier einen Konsens zu finden, kann aber nur Aussicht auf Erfolg haben, wenn er unter allen Umständen gewaltlos angelegt ist. Unter »Gewalt« verstehe ich in einem solchen Zusammenhang auch das Durchsetzen für richtig erkannter Maßnahmen gegen eine Mehrheit der Anwohner und Betroffenen. In der Politik ist es kein Zeichen von Feigheit, wenn man von etwas Abstand nimmt, das politisch nicht durchsetzbar ist. Mit bloßer Realpolitik, besserem Fachwissen oder dem Verweis auf höherrangige ökologische Werte kommen wir nicht unbedingt weiter. Die Erkenntnis von der Dringlichkeit der Umrüstung ostdeutscher Braunkohlekraftwerke läßt sich nicht einprügeln, womöglich um so weniger, je größer die Entfernung von solchen Dreckschleudern ist. Und Greenpeace hat seine moralische Kompetenz nicht schon deshalb verwirkt, weil die Organisation für den Wattenmeerschutz eine Verschärfung des Treibhauseffektes durch erhöhte CO_2-Emissionen in Kauf zu nehmen bereit wäre.

Die Frage, was Politik soll oder kann, läßt sich in solchen Konstellationen nicht mehr damit beantworten, daß sie bloß Lösungsvorschläge möglichst intelligent auszuarbeiten und anzubieten hätte. In einer Phase auseinanderstrebender Einzelinteressen – selbst innerhalb von Gruppen mit weitgehend übereinstimmender Zielsetzung – muß Politik mehr leisten; sie muß versuchen, die Gesellschaft im weitesten Sinne dialogfähig zu machen, sie muß vermitteln. Den modernen Politiker können wir uns also getrost als einen Bodenturner vorstellen, der im Spagat geübt ist.

Das läßt sich auch in anderen Politikfeldern belegen. Zu nennen wäre die Ausländer- und Flüchtlingspolitik, der Ausbau des Rechtsstaates, aber auch und vor allem die soziale Frage. Wir können das Gespräch mit der Wirtschaft nicht abbrechen, weil bei Olympia in Wilhelmshaven wieder einmal ein Konzern die Arbeitnehmer für eklatante Managementfehler büßen läßt. Wir können deshalb weder die Industrie verstaatlichen noch, das zeigen die enormen Probleme bei der Integration der ostdeutschen Länder, allein mit staatlichen Mitteln die Beschäftigung garantieren. Wir können auch nicht auf den notwendigen ökologischen Umbau verzichten, nur weil dadurch unter Umständen Arbeitsplätze in der Atomwirtschaft verlorengehen. Aber wir müssen uns vollkommen klar darüber sein, daß ohne sozialen Ausgleich, ohne größere soziale Gerechtigkeit der Konsens nicht zu erzielen sein wird, den unsere Gesellschaft braucht, um ins nächste Jahrtausend zu steuern.

Schon da stecken wir wieder in einem schier heillosen Gestrüpp divergierender Interessen: Wer vorrangig mit der Sicherung gewerblicher Arbeitsplätze befaßt ist, wird vielleicht nicht unmittelbar einsehen, warum wir mehr Lehrer einstellen müssen. Länder und Gemeinden konkurrieren miteinander um Industrieansiedlungen. Die Unterscheidung in moderne, innovative Arbeitsplätze und solche, die auf Dauer nur mit hohen Subventionen zu halten wären, darf zwar nicht auf dem Rücken der Arbeitnehmer ausgefochten werden – im Einzelfall lassen sich da Konflikte aber nicht vermeiden. Politik kann in diesen Fragen nur sinnvoll betrieben werden, wenn sie in die unterschiedlichen Bereiche hineinwirkt, die verschiedenen Gruppen von Betroffenen und Interessierten sprach- und dialogfähig macht. Das gilt heutzutage um so mehr auch für die einzelnen Parteien, unter deren Dächern sich durchaus widersprüchliche Interessen finden. Andererseits, die Wahlerfolge der Rechtsextremen auch in sogenannten Arbeiterbezirken oder angestammten SPD-Hochburgen zeigen es, hat die Identifikation mit der »eigenen« Partei spürbar abgenommen; die Parteien werden also nur eine Zukunft haben, wenn sie wieder zu Foren der Verständigung für ihre auseinanderstrebenden Klientelgruppen werden.

Schon Mitte der achtziger Jahre ging aus einer Infratest-Untersuchung des SPD-Parteivorstandes hervor, daß die Sozialdemokratie im wesentlichen über Rückhalt in zwei völlig unterschiedlichen Milieus verfügt: dem der klassischen Arbeitnehmerschaft und einem anderen, wesentlich in der Dienstleistungsgesellschaft verankerten, das die Untersuchung des der »Hedonisten« nannte. Bevor die SPD mehrheitsfähig werden kann, so die Folge, muß sie diesen beiden großen Gruppen gegenüber dialogfähig und selbst zur Plattform dieses Dialoges werden. Ein ziemlicher Spagat also.

Wir haben es hier zu tun mit Gruppen unterschiedlicher Herkunft und unterschiedlichen Lebensgefühls. Während bei der klassischen Arbeitnehmerschaft, zumal im Norden Deutschlands, Begriffe der protestantischen Ethik hoch im Kurs stehen – Fleiß, Disziplin, Arbeit –, haben in der neuen Angestelltenkultur Freizeitwerte gewissen Vorrang. Arbeit ist nur noch Voraussetzung für bessere Lebensqualität, Kultur im weitesten Sinne spielt eine herausragende Rolle.

Gewiß, beide Gruppen lassen sich nicht immer so haarscharf gegeneinander abgrenzen; in groben Zügen stimmt die Unterscheidung schon. Was die klassische Industriearbeitnehmerschaft anlangt, wird deutlich, daß die langen Traditionslinien, in denen schon der Urgroßvater Sozialdemokrat war, und es die Urenkelin deshalb quasi automatisch auch ist, langsam abreißen. In diesen Schichten ist auch ein gewisses Mißtrauen gegenüber den politischen Ansichten und Reformvorhaben der »Hedonisten« zu registrieren, die oft als luxuriös empfunden werden. Solange die SPD allerdings unmißverständlich klar macht, daß sie nach wie vor die Partei der sozial Schwächeren ist und sich für soziale Gerechtigkeit einsetzt, wird sie um den Zuspruch aus der Arbeitnehmerschaft nicht fürchten müssen. Andererseits hat die SPD als Partei auch Motor der Modernisierung zu sein, und das betrifft nun einmal sowohl die Arbeitsplätze und Arbeitsbedingungen als auch die Arbeitnehmerorganisationen. Kaum jemand hat das auf der Seite der Gewerkschaften so frühzeitig und deutlich erkannt wie Hermann Rappe, der die IG Chemie schon lange auf einen Modernisierungskurs steuert – wenngleich ich mich mit den dabei angewandten Methoden auch nicht durchwegs anfreunden kann. Das Beispiel zeigt aber, daß die klassische Arbeitnehmerschaft keinesfalls per se modernisierungsfeindlich oder den Fragen der post-industriellen Gesellschaft gegenüber nicht aufgeschlossen wäre.

Mit dem Begriff der »Hedonisten« ist viel Schindluder getrieben worden, gerade im Nachgang der deutschen Vereinigung. Begriffe wie »Champagnersozialisten« oder »Toskana-Fraktion« sollten die entsprechende Generation von Sozialdemokraten diskreditieren als den Nöten des Volkes entfernte Träumer. Ein rechtschaffener Sozialdemokrat, so die Unterstellung, haßt Design, mag Bilder nur, wenn sie politische Plakate sind, und am edlen italienischen Restaurant darf er nur verstohlen vorübergehen. Das alles ist natürlich in unserer Gesellschaft, die es doch zu einigem Wohlstand und zu einiger kultureller Leistung gebracht hat, hochgradig lächerlich. Unterschlagen wird dabei natürlich, daß so verschiedene Charaktere wie Oskar Lafontaine oder ich, die da unter demselben Rubrum der »Enkel« Willy Brandts firmieren, zwar vielleicht das eine oder andere vom guten Wein verstehen, mindestens ebenso viel aber von Bratkartoffeln und einem ordentlichen Pils. Vergessen wird dabei auch, daß eine gemeinsame Vorliebe für gute Anzüge oder ein vermeintlich gemeinsamer Urlaubsort noch nichts über eventuelle politische Gemeinsamkeiten aussagen: Ich etwa fühle mich dem früheren VW-Betriebsrat Walter Hiller in vielen Fragen näher als dem hochqualifizierten Otto Schily, dessen Ansichten, etwa in der Sozial- und Ausländerpolitik, ich oft genug gar nicht teile.

Schon eher verfängt die Kritik an den »Hedonisten«, sie nähmen es mit den sogenannten Sekundärtugenden – Fleiß, Pflichterfüllung, Strebsamkeit – nicht hinreichend ernst. Da wird es zum Beleg der Faulheit, wenn Björn Engholm bekennt, daß ihm das politische Amt nicht alles im Leben ist; Oskar Lafontaine wirft man als »Feigheit« vor, daß er in einer schwierigen Lebenssituation – nach dem Attentat auf ihn und der verlorenen Bundestagswahl – nicht nach Partei- und Fraktionsvorsitz gegriffen hat. Abgesehen davon, daß das Ausmaß des persönlichen Einsatzes und Ehrgeizes noch nicht allzuviel über die Qualität des politischen Engagements aussagt, ist dies natürlich auch ein Streit um den Wertewandel in der Gesellschaft. Gewiß hat der »hedonistische« Teil der SPD, der mehr auf Freizeit- und Kulturwerte sowie Lebensqualität setzt, eine größere soziale Berührungsfläche etwa mit der Partei der Grünen; im klassischen Gewerkschaftsflügel der SPD gibt es dagegen größere Affinitäten zu den Sozialausschüssen der CDU. Das sagt zunächst wenig über die politischen Richtungen aus, es sagt aber etwas über die Notwendigkeit, zwischen beiden Gruppen immer wieder zu vermitteln.

Ich habe damit nie allzu große Schwierigkeiten gehabt, selbst wenn auch ich immer wieder Zielscheibe polarisierter Kritik gewesen bin. Meine »Spagatfähigkeit« hat auch weniger mit besonderem körperlichen Training zu tun, sondern damit, daß ich mich beiden sozialdemokratischen Milieus zugehörig fühle; das hat nun wieder mit meiner Biographie zu tun.

Geboren 1944 als Sohn eines Hilfsarbeiters, der im Krieg gefallen war, die Mutter allein mit sechs Kindern, Ausbildung in der Zwergschule, habe ich soziales Engagement sozusagen von der Pike auf gelernt. Eine Lehre als Einzelhandelskaufmann, Verkaufsgehilfe im Porzellan- und Spielwarenhandel, Hilfsarbeiten auf dem Bau – da wuchs bald der Wunsch, herauszukommen aus dieser Lage. Ein kleiner Angestellter zu sein, den andere herumkommandieren konnten, ohne auch nur eine Gegenfrage zuzulassen: Mir war klar, daß ich das nicht nur für mich selbst ändern wollte, sondern daß sich die sozialen Verhältnisse insgesamt ändern mußten. Das war letztlich der ausschlaggebende Grund, warum ich 1963 in die SPD eingetreten bin. Vorher hatte ich eine ganze Weile lang gesucht, bin auf alle möglichen politischen Veranstaltungen gegangen. Zur SPD zog es mich – abgesehen davon, daß mir, das wird den einen oder anderen überraschen, Helmut Schmidt gut gefiel, der damals noch »Schmidt-Schnauze« hieß –, weil ich dort am ehesten die Möglichkeit sah, etwas für die soziale Gerechtigkeit zu tun. Ich war nie ein »geborener« und auch bestimmt nie ein bequemer Sozialdemokrat, aber in dieser Tradition habe ich mich immer bewegt.

Andererseits haben mich auch die Auseinandersetzungen im Zuge der 68er Bewegung geprägt. Ich hatte auf der Abendschule die mittlere Reife nachgemacht, dann Kollegs besucht und 1966 das Abitur gemacht. In Göttingen, wo ich Jura studierte, hat mich die Studentenbewegung beeinflußt, der es ja nicht nur um akademische Reformen ging, sondern um einen ganz neuen Wind in der Gesellschaft. Das betraf die Außenpolitik, den Vietnamkrieg, die Innenpolitik, die Notstandsgesetze. Wir klagten die Bewältigung der nationalsozialistischen Vergangenheit ein, fragten laut, wie man die Nazi-Verbrechen hatte zulassen können, und wir setzten uns für umfassende Gerechtigkeit in der Gesellschaft ein. Das verband mich, der ich nicht mit einem großartigen Theorieansatz in die Politik gekommen war, mit den Theoretikern, ließ mich allerdings auch weiterhin in der praktischen Politik nach Lösungen suchen.
Ich hatte Spaß daran, etwas zu bewegen, an möglichst entscheidender Stelle zu wirken, und ich will auch keinen Augenblick behaupten, daß man mich groß drängen mußte, 1971 Vorsitzender der Jungsozialisten im Bezirk Hannover zu werden. Eher drängen mußte man mich dann 1978, den Juso-Bundesvorsitz zu übernehmen, in nicht eben geordneten Verhältnissen: der vom »Stamokap«-Flügel, welcher in manchen gesellschaftlichen Fragen der DKP ziemlich nahestand, unterstützte Bundesvorsitzende Klaus-Uwe Benneter war – wegen einiger Äußerungen, in denen er eine Zusammenarbeit mit Kommunisten nicht ausschloß, das nahm man damals sehr ernst – aus der Partei verstoßen worden. Andererseits hat mich die Herausforderung, der zerstrittenen Jugendorganisation wieder zu einigem Gewicht in der Partei zu verhelfen, dann doch so sehr gekitzelt, daß ich mich zur Kandidatur entschloß. Ab 1980 im Bundestag, und

erst recht mit dem Einzug der Grünen 1983, kam dann die ständige Auseinandersetzung mit den damals sogenannten neuen Themen hinzu: Rüstungspolitik, Atomenergie, Hausbesetzungen. Schon damals, in den Gesprächen mit jugendlichen Hausbesetzern für die Bundestags-Enquêtekommission über Jugendprotest, habe ich so einiges an Dialog- und Spagatfähigkeit trainieren können.

Im Rahmen einer rot-grünen Regierungskoalition, wo es darum geht, die unterschiedlichen Meinungen zu bündeln und zur Entscheidung zu führen, sind das alles recht nützliche Qualifikationen. Das Vermitteln zwischen verschiedenen Meinungsgruppen, nicht bloß innerhalb einer Regierung, hat allerdings eine genau zu benennende Grenze: die scheidet den Spagat vom politischen Opportunismus. Natürlich muß man sich politisch entwickeln und solche Entwicklungen auch dem anderen zugestehen; 1982 etwa habe ich über Helmut Schmidt und seine Politik wesentlich anders gedacht als 1963 bei meinem Parteieintritt. Aber eine gewisse Kontinuität politischer Prinzipien ist gerade für eine diskursive Politik unabdingbar: das Eintreten für Minderheiten und die Schwachen der Gesellschaft würde ich dazurechnen, das unbedingte Festhalten am Rechtsstaat und seinem Gewaltmonopol, Toleranz, aber auch die Bereitschaft, nicht feige zu sein vor den Fürstenthronen; ohne Rücksicht auf Sonderinteressen auch im eigenen Lager nein sagen zu können und den entstehenden Ärger auf sich zu nehmen. Das sind wohl Stärken, die man ebenfalls einüben muß, und sei es, damit man sich beim Spagat nicht verbiegt.

Wirtschaften – oder:
Die neue Aufklärung

Erinnern Sie sich noch an das »rot-grüne Chaos«? Jenes Schreckgespenst, das am liebsten in Wahlkämpfen umging, so regelmäßig wie das Ungeheuer von Loch Ness in der sommerlichen Sauregurkenzeit der bunten Presse? Die Zeiten sind nun mal schnellebig, aber nachdem das Chaos so wenig eingetreten ist wie der von koreanischen Sekten auf den Tag genau vorhergesagte Weltuntergang, wollen wir doch die Gelegenheit nutzen, die Horrorszenarien Revue passieren zu lassen, die für den Fall einer rot-grünen Regierung, noch dazu mit einem früheren Juso-Chef an der Spitze, die eigentliche Apokalypse voraussagten: Firmenschließungen, Kapitalflucht, Massenentlassungen wären, so sagten die CDU und auch manche Wirtschaftsvertreter, die unausweichliche Folge eines rot-grünen Wahlsieges. Einige Leute wollten wohl ernsthaft glauben machen, wir würden, wenn man uns nur ließe, zum Frühstück täglich drei Unternehmer verspeisen.

Bei der Verbreitung solcher Schreckensszenarien wird natürlich gern unterschlagen, daß es auf diesem Feld keinerlei Waffengleichheit gibt: Eine Regierung, selbst wenn sie mit dem Auftrag gewählt worden wäre, aus Deutschland einen Agrarstaat zu machen, hat dazu keineswegs die rechtlichen und politischen Mittel. Die Drohungen des Kapitals, durchaus als massive Beeinflussung der Wählerentscheidung gedacht, sind da viel handfester. Ein Unternehmen kann sehr wohl politisch motivierte Standort- und Investitionsentscheidungen treffen, und das hat uns der Präsident der niedersächsischen Unternehmerverbände auch gleich nach dem Machtwechsel, als Antwort auf die bloße Ankündigung eines neuen Abfallgesetzes, konsequenter Umweltverträglichkeitsprüfungen und einer Verkehrspolitik, die der Schiene den Vorrang einräumt, unverblümt ins Stammbuch geschrieben: Die Landesregierung sei sich wohl »der Bedeutung eines positiven psychologischen Klimas für Investitions- und Standortentscheidungen nicht bewußt«.

Wir haben diesen Fehdehandschuh nicht aufgenommen, mit dem Ergebnis, daß die vielleicht größten Errungenschaften der rot-grünen Regierung auf dem Gebiet der Wirtschaftspolitik liegen. Die Industrieproduktion lag im ersten Halbjahr 1992 mit einem Plus von 4,9 Prozent an der Spitze der deutschen Flächenstaaten, die Arbeitslosigkeit ist gegenüber 1990 um 12,5 Prozent gesunken, durch Neuansiedlungen und Investitionen sind 170 000 neue Arbeitsplätze geschaffen worden. Das sind Zahlen, mag man einwenden, die mehr auf die Konjunktur als auf die Wirtschaftspolitik zurückzuführen sind. Ich behaupte dagegen: Diese Entwicklung findet nicht trotz, sondern wegen unserer ökologisch orientierten Reformpolitik statt.

Ganz offenbar hat auf beiden Seiten ein Lernprozeß stattgefunden. Ich will gar nicht leugnen, daß ich vielleicht 1986 die Dringlichkeit einer auf Konsens orientierten Wirtschaftspolitik noch nicht so deutlich gesehen habe. Vier Jahre später, als wir mit dem festen Willen, die Regierung auch in einer Koalition mit den Grünen zu übernehmen, angetreten sind, stand die Wirtschaftspolitik ganz oben auf meiner Prioritätenliste. Die Gründe sind naheliegend: Wenn man etwas verteilen will, müssen schwarze Zahlen geschrieben werden. Wohl und Wehe der Regierung hängen entscheidend ab von den sozialen Verhältnissen, und die sind nicht zu verbessern, wenn es wirtschaftlich nicht gut geht. Drittens schaffen wir ohne zustimmende Beteiligung der Unternehmen das notwendige Umsteuern in der Industrie-, Umwelt- und Energiepolitik nicht.

Andererseits ist auch die Bereitschaft der, ich nenne sie mal: aufgeklärten Unternehmer zu solch einer Zusammenarbeit gewachsen; Berührungsängste gerade gegenüber den Grünen konnten in Gesprächen und Verhandlungen immer weiter abgebaut werden. Und das keineswegs, weil wir besonders nachgiebig gewesen wären. Wir haben von Anfang an darauf gepocht, daß wir eine innovative Industriepolitik wollen und daß wir den so oft strapazierten Kuhhandel – Arbeitsplätze gegen Lockerung der Umweltauflagen – nicht mitmachen. Das haben wir schon bei der Wiedereröffnung der Wilhelmshavener Ölraffinerie mit gezeigt, die unter der rot-grünen Regierung gelungen ist: Wir haben nicht etwa um der 300 Arbeitsplätze willen, die dort geschaffen wurden, die Emissionsgesetze großzügig ausgelegt – was rechtlich durchaus möglich gewesen wäre –, sondern unter allen gesetzlichen Möglichkeiten die gewählt, welche die strengsten Limitierungen des Schadstoffausstoßes vorschreibt.

Augenscheinlich haben sich die erfolgreichen Unternehmen selbst einigermaßen verändert. Wir treffen in vielen Unternehmen heute ein anderes Verhältnis zur Umwelt an, das die Grenzen der Machbarkeit anerkennt. Profitmaximierung um jeden Preis ist nicht nur bei den Grünen als Irrweg erkannt worden. Es hat sich auch in der Unternehmensstruktur etwas geändert, die autokratisch von einem Gründungsunternehmer oder seinen Erben geleiteten Firmen sind längst in der Minderzahl; nicht zuletzt der Blick auf den Erfolg der Japaner hat den Weg geebnet für mehr Teamwork und kollegiale Verantwortung. In vielen Unternehmen wird heute, etwa auf Managerseminaren, intensiv über industrielle Ethik nachgedacht – all diese Entwicklungen verstärken die Bereitschaft zu einem gesellschaftlichen Konsens über die Gestaltung der Zukunft.

Ich will nicht verhehlen, daß ich gerade in den niedersächsischen Wirtschaftsverbänden da noch einigen Nachholbedarf sehe. Niedersachsen hat kein Strukturproblem, sondern eines der Köpfe, könnte man überspitzt formulieren. Es ist deshalb kein Wunder, daß wir unsere spektakuläreren, wirtschaftlich relevanten Projekte mit Partnern verwirklicht haben, die außerhalb Niedersachsens zu Hause sind. Hier haben offenbar das jahrelange Durchstecken mit der CDU/FDP-Regierung sowie eine Wirtschaftspolitik, die sich als Dienstleistung für die Unternehmen mißverstand und auch als solche wie selbstverständlich in Anspruch genommen wurde, zu einer gewissen Stagnation geführt. Man kann es den Verbandsfunktionären der Wirtschaft ja gar nicht verdenken, daß sie lieber eine Regierung hätten, die durchweg eines Sinnes mit ihnen ist. Nur bedeutet der bloße Schulterschluß zwischen den Unternehmerlobbies und einer ihnen gewogenen Regierung noch keinen Schritt hin zum gesellschaftlichen Konsens. Ohne den aber läßt sich Industriepolitik heute nicht mehr machen.

Das beste Beispiel dafür ist die Energiepolitik. Der mit den Stromerzeugern VEBA und RWE gefundene Energiekonsens, der auf einen geordneten Ausstieg aus der heute genutzten Technik der Atomenergie hinausläuft, trägt keineswegs nur politischen Notwendigkeiten Rechnung, sondern auch volkswirtschaftlichen Erwägungen, die letzten Endes noch betriebswirtschaftlich relevant werden. Bekanntlich war die Ausgangslage die, daß nicht nur die Grünen sich zum Ausstieg aus der Atomenergie verpflichtet haben; auch die Beschlußlage meiner eigenen Partei sieht vor, daß spätestens 1996 mit dem Abschalten der Kernreaktoren begonnen werden soll. Nur waren wir diesem Ziel mit den herkömmlichen Mitteln bisher keinen Schritt nähergekommen. Alle Länder, die den Ausstieg betreiben, haben in den entsprechenden juristischen Auseinandersetzungen immer wieder den kürzeren gezogen. Um hier einen Durchbruch zu erzielen, mußten wir einen ganz neuen Konsens suchen, an dessen Zustandekommen die Energiewirtschaft, wie auch die Gewerkschaften, zu beteiligen waren. Ein guter Ausgangspunkt war die Gründung der Energieagentur, die wir gemeinsam mit der VEBA, Deutschlands zweitgrößtem Energiekonzern, bewerkstelligt haben. Diese erste Bereitschaft zur Zusammenarbeit brachte den Beweis, daß man sich trotz unterschiedlicher Auffassungen – bekanntlich betreibt die VEBA und vor allem ihre Tochtergesellschaft PreussenElektra Atomkraftwerke, die wir abschalten wollen – auf vernünftige Dinge einigen kann. Da ist einmal das Bedürfnis zum Energiesparen, das die Industrie mit uns teilt. Zum andern wurde als Aufgabe der Agentur definiert, Projekte zur Kraft-Wärme-Kopplung und zum Einsatz erneuerbarer Energien umzusetzen. Auf beiden Feldern hat die Agentur unter Leitung von Stephan Kohler, den wir vom Freiburger Öko-Institut geholt haben – auch ein Zeichen für die grundsätzliche Konsensbereitschaft der VEBA – Vorbildliches geleistet: Sie berät Kommunen und Unternehmen im rationellen Umgang mit Energie und organisiert Projekte, welche die Rohstoffquellen schonen.

Die Gespräche, die zur Gründung der Energieagentur führten, schufen unter den Beteiligten ein Vertrauensverhältnis, das die Voraussetzung dafür bildete, schwierige energiepoli-

tische Fragen aussprechen zu können. In diesem Diskussionsprozeß stellte sich heraus, daß auch die Energieversorgungsunternehmen dringend auf einen Energiekonsens angewiesen sind. Das ist bei den langen Investitionszeiten und entsprechend hohen Milliardensummen nur verständlich. Bis in die siebziger Jahre bestand ein solcher Konsens bezüglich der Atomenergie, heute gilt das nicht einmal mehr für Bayern, wo man einen grundsätzlich anderen Weg beschreitet als wir. Es ist deshalb übrigens auch nicht erstaunlich, daß die heftigsten Widerstände gegen den von uns vorgeschlagenen Konsens aus Bayern vorgetragen werden. Das dortige »Wirtschaftswunder« basiert im wesentlichen auf dem – staatlich geförderten – militärisch-industriellen Komplex und auf niedrigen Energiekosten, für die in der Konsequenz auch die Gesellschaft aufkommen muß. Billige Energie aber, das ist eine Binsenweisheit, vermindert den Zwang zum Sparen – eine Entwicklung, die sich keine Volkswirtschaft auf Dauer leisten kann. Langfristig führt der bayerische Weg dahin, daß die großen Energiekonzerne irgendwann nur noch Verteiler von Energie sind, die andernorts, im Ausland nämlich, produziert wird. Es gibt in Deutschland kein Bundesland mehr, das neue Kernkraftwerke genehmigen würde – nach den Erfahrungen von Wackersdorf auch Bayern nicht. Das sture Festhalten an der Kernenergie hätte also zur Folge, daß die Energiekonzerne im eigenen Land nicht mehr investieren können. Das liegt nicht im Interesse von VEBA und RWE. Sie hatten signalisiert, daß sie zu einer Verständigung auf den geordneten Aus- beziehungsweise Umstieg bereit sind.
Die Kernenergie ist heute eine veraltete Technik, weil sie nicht mehr konsensfähig ist. In der modernen Gesellschaft ist niemand bereit, immense Investitionen über einen sehr

langen Zeitraum zu binden, wenn die entsprechenden Anlagen politisch nicht durchsetzbar sind. Daß sie es zumindest in Niedersachsen nicht sind, haben wir den Stromversorgungsunternehmen hinreichend deutlich gemacht; VEBA und PreussenElektra haben schon zu Beginn unserer Verhandlungen erklärt, daß sie diesen politischen Willen zur Kenntnis nehmen.

Für die Formulierung einer neuen Diskussionsgrundlage eignete sich Niedersachsen aus verschiedenen Gründen besonders. Zum einen ist bei uns mit Stade der zweitälteste Kernreaktor der Bundesrepublik in Betrieb, der schon wegen seiner Störanfälligkeit absehbar vom Netz genommen werden muß. Da wir für die entsprechenden Kapazitäten nicht erneut einen Atomreaktor genehmigen würden, mußten wir uns mit der Energiewirtschaft auf eine Alternative verständigen, die sich schließlich verallgemeinern lassen konnte. Im Fall Stade ist das ein Gaskraftwerk, denn auch nach einem Ausstieg aus der Kernenergie können wir die Lücke nicht ausschließlich mit Stromsparen und dezentralen Einrichtungen schließen – im Grundlastbereich wird es auch weiterhin einen gewissen Bedarf an Großkraftwerken geben, nur eben nicht an Atomkraftwerken.

Zum anderen befinden sich in Niedersachsen die wichtigsten Standorte in der Auseinandersetzung um die Entsorgung: Gorleben und Salzgitter. Eine Übereinkunft über die Entsorgung aber ist für die Kraftwerksbetreiber vordringlich, denn vom Entsorgungsnachweis hängt die Betriebsgenehmigung eines Atomkraftwerkes ab. Für uns sind Gorleben und der Schacht Konrad ein Faktor, der zur Eile antreibt – gegenüber den Stromerzeugern war er auch eine Art Unterpfand.

Wir haben also einen Dialog angestrengt mit den Energie-

versorgungsunternehmen, über den von unserer Seite aus nicht nur SPD und Grüne, sondern auch die Regierungen der Nachbarländer Nordrhein-Westfalen, Schleswig-Holstein und Hessen auf dem laufenden gehalten wurden. Als die Standpunkte hinreichend formulierbar schienen, haben wir Hermann Rappe hinzugebeten, den Vorsitzenden der IG Chemie, mit dem ich – ich verrate da kein Geheimnis – durchaus nicht immer einer Meinung bin, insbesondere in Umweltfragen. Das Ergebnis dieser Gespräche konnte schließlich präsentiert werden in Form eines Papiers, das Rappe Ende September 1992 auch dem Bundeskanzler überbrachte, sowie des Briefes, den die Chefs von RWE und VEBA Ende November an die Bundesregierung adressiert haben. Kernpunkte dieser Übereinkunft, die meines Erachtens als Basis für einen neuen energiepolitischen Konsens taugt, sind die Festschreibung einer Restlaufzeit für die noch im Betrieb befindlichen Kernkraftwerke; die Vereinbarung, jene Kraftwerke danach nicht mehr durch Leichtwasserreaktoren zu ersetzen, eine Option auf einen Wiedereinstieg in die Kernenergienutzung mit Reaktoren neuen Typs aber grundsätzlich offenzuhalten; sowie eine Übereinkunft in der Entsorgungsfrage, die vor allem den Ausstieg aus Wiederaufarbeitung und Plutoniumwirtschaft beinhaltet.
Natürlich streiten nun überall die Kernenergiegegner und -befürworter, weil beide Seiten zunächst im Auge haben, was der jeweils andere an Positionen durchgesetzt hat. Mir scheint das wichtigste, daß zunächst ein Konsens erreicht wurde über den Ausstieg aus der Kernenergie, so wie sie gegenwärtig genutzt wird. Welche Laufzeit wir den heutigen Atomreaktoren noch geben, wird auszuhandeln sein. Zweitens ist mit der Wiedereinstiegs-Option sozusagen ein Konsens über den Dissens gefunden worden: Wir einigen uns

darauf, daß beide Seiten nach wie vor unterschiedlicher Meinung über die Energiegewinnung aus Atomkraft sind. Künftigen Generationen bleibt es belassen, diese Frage im Lichte neuer Erkenntnisse oder neuer technischer Entwicklungen neu zu beantworten. Wir haben über die Kernenergie keinen Konsens, lassen es aber zu, daß auf diesem Gebiet weiter geforscht wird. Zur Voraussetzung für einen Wiedereinstieg wird allerdings eine »breite politische Mehrheit« gemacht, ausgedrückt etwa in Form einer Zweidrittelmehrheit des Bundestages. Das ist gegenüber der gegenwärtigen Situation eine eindeutige Verbesserung – ohne Zustimmung der SPD, generell ohne Zustimmung einer breiten Mehrheit der Bevölkerung, kann nach diesem Papier kein neues Atomkraftwerk gebaut werden. In der Entsorgungsfrage bedeutet der Kompromiß, daß anstelle des Standortes Gorleben andere Standorte und Endlagerformationen gesucht werden; für die Endlagerung der schwach wärmeentwickelten Abfälle haben wir zugesagt, eine vorurteilsfreie Prüfung von Schacht Konrad vorzunehmen und bei positivem Ergebnis die Inbetriebnahme zu genehmigen. Man mag das als herbe Konzession betrachten. Nur kommt man nicht umhin festzustellen, daß die bereits erzeugten radioaktiven Abfälle nun einmal irgendwo sicher gelagert werden müssen – ob sich Schacht Konrad dafür eignet, ist nach wie vor durchaus umstritten. Auf der anderen Seite beinhaltet der Kompromiß in der Entsorgungsfrage den unwiderruflichen Ausstieg aus der Wiederaufarbeitung mit ihren gefährlichen – unter anderem durch Anfallen von waffenfähigem Plutonium – Nebeneffekten.

Unabhängig vom weiteren Verlauf der Verhandlungen, in die nun vor allem der Bund und die sogenannte Südschiene einbezogen werden müssen, werden die Stromkonzerne

hinter diese Position kaum mehr zurückkönnen. Noch wesentlicher scheint mir, daß in einem Schlüsselbereich der Wirtschaftspolitik ernst gemacht wird mit der Suche nach Konsens; daß die Unternehmen nicht mehr darauf setzen, politische Mehrheiten zu diktieren oder zu ignorieren, sondern selbst bereit sind, sich an der Formulierung neuer Übereinkünfte zu beteiligen. Es ist heute ja so, daß weltweit die Konservativen und Wirtschaftsliberalen, die, im Vertrauen auf die archaischen Kräfte des Marktes, Wirtschaftspolitik als Durchsetzung von Unternehmerinteressen mißverstanden haben, für die Wirtschaft keine attraktiven Gesprächspartner mehr sind. Das hat sich in England gezeigt, in den USA, und inzwischen zeigt es sich auch in Bonn. Nicht irgendwelche Affären um die jeweiligen Minister sind hier das Problem – der eigentliche Skandal ist, daß aktive Wirtschaftspolitik in Bonn schon seit Jahren nicht mehr stattfindet. Offenbar hat unsere rot-grüne Landesregierung ein besseres Verständnis von den wirtschaftlichen Beweggründen der Energieindustrie als diese Bundesregierung, deren wirtschaftspolitische Entscheidungen wahrhaftig ein »schwarzgelbes Chaos« auslösen.
Ich will das an einem Beispiel deutlich machen: Für den Bau eines Automobilwerks in Mosel/Sachsen hat die Bundesregierung der Volkswagen AG derart großzügige Unterstützung zugesagt, daß das VW-Management schon töricht sein müßte, wenn es davon keinen Gebrauch macht. Das Problem ist nur, daß in der augenblicklichen Phase des Absatzrückgangs – die ja gerade erst begonnen hat – VW schon jetzt gewisse Überkapazitäten hat; das Werk Mosel wäre also gewissermaßen eine hundertprozentige Überkapazität, die man nur nutzen kann, wenn man anderswo, nämlich in Niedersachsen, Kapazitäten abbaut. Das heißt, wir hätten es

nicht nur mit doppelten Kosten – Kapazitätsvernichtung im Westen und Kapazitätsaufbau im Osten – zu tun, sondern mit einem Arbeitsplatztransfer – was nun nicht der Sinn der Vereinigungspolitik sein kann. Das Land Niedersachsen ist mit 20% größter Anteilseigner bei Volkswagen, und ich habe mich auch gleich bei Amtsantritt entschlossen, das dazugehörige Aufsichtsratsmandat persönlich wahrzunehmen. Anfangs war das eher als Signal an die Wirtschaft gedacht, inzwischen habe ich gesehen, daß man sich hier aktiv – wenn auch keinesfalls dirigistisch – einmischen muß. Die Frage ist doch, ob der niedersächsische Ministerpräsident, der einen Amtseid auf das Wohl der Bürger dieses Landes und seine Verfassung geschworen hat, es zulassen kann, daß ein Konzern, an dem das Land erhebliche Anteile hält, Arbeitsplätze aus Niedersachsen heraustransferiert? VW ist ein internationaler Konzern, der nicht aus einer wie immer gearteten »nationalen Verpflichtung« heraus handeln kann; sicher ist es wünschenswert, daß VW auch in den ostdeutschen Ländern produziert, aber doch nur, wenn das betriebswirtschaftlich vertretbar ist. Wie die Dinge liegen, ginge die Modernisierung in Sachsen zu Lasten der Substanz an den niedersächsischen Standorten, und das – abgesehen von der offenkundigen Unsinnigkeit solchen Transfers – läßt sich mit dem niedersächsischen Ministerpräsidenten nicht machen. Ich habe also dafür plädiert, den Ausbau in Mosel zu verlangsamen, die Kapazitäten zumindest zu halbieren. Dafür bekomme ich vielleicht Ärger mit dem Bundeskanzler, das ist mir aber lieber, als wenn ich mit der Stimme des Landes Niedersachsen VW-Arbeitern in Emden, Oldenburg, Hannover oder Wolfsburg die Arbeitsplätze nehme, nur um sie aus politischen Gründen an anderer Stelle zu errichten.

Das soll ja nicht heißen, daß man nicht auch bei VW sinnvolle Aufbauhilfen für die ostdeutsche Wirtschaft leisten kann. So habe ich bei einigen Zulieferern, die sich für eine Ansiedlung in der Nähe der VW-Werke interessieren, angeregt, ein solches Engagement ließe sich auch östlich der Elbe realisieren – vorausgesetzt, es wäre für Arbeitskräfte aus dem Westen so problemlos zu erreichen wie für solche aus dem Osten. Im Raum Wolfsburg könnte so beiderseits der alten Grenze eine Wirtschaftsregion zusammenwachsen und damit unmittelbar etwas für die Angleichung der Lebensverhältnisse getan werden.

Der Automobilindustrie geht es nicht besonders gut, das ist für Niedersachsen, das noch immer insofern strukturschwach ist, als hier große Konzerne dominieren, eine Existenzfrage. »Hustet VW, wird Niedersachsen krank«, hieß es einmal treffend in einem Zeitungsbericht. Allein 53% der niedersächsischen Exporte sind Volkswagen. Wir haben also sehr genau darauf zu achten, was bei VW geschieht und die nötigen Modernisierungen nicht nur zu begleiten, sondern aktiv mitzugestalten.

Weltweit befindet sich die Autoindustrie in einem Umstrukturierungsprozeß, der sich großteils am japanischen Vorbild orientiert. »Lean production« heißt das Zauberwort, das eine drastische Veränderung der Fließbandproduktion und der Managementstrukturen bedeutet. Es geht um eine Steigerung der Produktivität, eine Verschlankung der Produktion, Abbau von Lagerbeständen, Verkürzung der Entwicklungszeiten, Auslagerung von Teilbereichen an günstigere Hersteller – mit einem Wort: Abschied von der Produktion aus einem Guß. Das hat nicht nur Produktivitätsgründe: Im internationalen Vergleich hat VW gegenüber japanischen Herstellern nicht nur den Konkurrenznachteil kürzerer Arbeitszeiten, einer viermal so hohen Anzahl an Zulieferern, sondern auch ein signifikantes Qualitätsproblem. Das sagt nichts über die Qualität des einmal gefertigten Golf oder Polo; es betrifft die bei der Produktion auftretenden Fehler, die im Werk langwierig korrigiert werden müssen.

Das japanische Vorbild hat jedoch Grenzen. Die dortige Verzichtsethik läßt sich nicht auf unsere Gesellschaft, die auf einer Partizipationsethik basiert, übertragen. Gewiß sind im Management drastische Reformen verlangt; VW hat viel zu viele Entscheidungsebenen und zu wenig Teamwork und Einzelverantwortlichkeit. Da die Probleme zum großen Teil im Bereich der Produktionsorganisation und des Managements liegen, darf man nun nicht gerade bei den Löhnen ansetzen, wenn man die Schwierigkeiten meistern will. Das ist das eine. Die Verlagerung von Teilproduktionen an kleinere Hersteller ist das andere. Sicher ist eine solche Auslagerung notwendig, nicht nur aus Kosten-, sondern, wie erwähnt, auch aus Qualitätsgründen. Die auswärts gefertigten Teile müssen aber schnell herbeigeschafft werden können, das geht in unserer Verkehrssituation weder über lange Straßen- noch Schienenwege. Wir brauchen also eine Ansiedlung dieser Betriebe unmittelbar am Standort, eine so dominante Struktur wie das Volkswagenwerk schafft Spezialisierungsvorteile, die man für eine solche Ansiedlung auch nutzen kann. Andererseits muß bei den Einkaufsverhandlungen mit diesen Zulieferern nicht nur VW seinen Schnitt machen. Bei einem Auftragsvolumen von derzeit sechs bis sieben Milliarden Mark läßt sich ermessen, wieviele Menschen mittelbar von VW leben. Hier ist einerseits das Interesse des Konzerns, dessen Anteilseigner ich vertrete, an Einkaufspreisen, die den Zulieferern, gelinde gesagt: die Tränen in die Augen treiben. Andererseits sind da die Interessen der in diesen Betrieben arbeitenden Bürger, die der Ministerpräsident ebenfalls zu vertreten hat. Wir müssen also Kompromisse finden, die auskömmliche Preise ermöglichen und den zuliefernden Betrieben das Überleben sichern. Dabei wäre auch daran zu denken, daß der große Konzern seinen kleinen Partnern konkrete Hilfestellungen leistet – etwa durch Beratung oder Unterstützung in der Betriebsführung.

Schon bei VW also ist eine Menge Dialog nötig, einigen davon muß der Ministerpräsident in seinen widerstreitenden Rollen sogar mit sich selbst führen. Man muß allerdings aufpassen, daß die Politik nicht in den Betrieb eingreift, Partner ist, nicht Herrscher. Die Bestellung des neuen Vorstandsvorsitzenden war da eine Probe aufs Exempel. Selbstverständlich hätte man, mit den Stimmen des Landes und der Gewerkschaftsvertreter, den Visionär Daniel Goeudevert durchsetzen können, dessen Vorstellungen von einer integrierten Verkehrspolitik denen der Reformkoalition durchaus nahe sind. Ganz bestimmt ist auch Goeudevert kein schlechter Manager, und er wäre ohne weiteres für den Vorstandsvorsitz geeignet. Das gilt, was dieses Amt angeht, in noch höherem Maße fraglos für den schließlich gewählten Ferdinand Piëch. In seinen bisherigen Aufgabenfeldern hat Piëch bewiesen, daß er nicht nur ein erfolgreicher Manager ist, der mit den notwendigen technischen Neuerungen in der Automobilindustrie allerbestens vertraut ist. Er hat auch gezeigt, daß er sich perfekt auf Unternehmensführung versteht – und das ist immer auch Menschenführung. Piëch war also der richtige Kandidat; überdies wäre Goeudeverts Wahl ein Oktroi der Politik gewesen – VW ist aber trotz der Staatsbeteiligung glücklicherweise kein Staatskombinat. Zudem wäre im Falle einer ungünstigen Entwicklung die Politik ohne Abstriche in die Haftung genommen worden, wir waren uns aber mit den Arbeitnehmervertretern einig, daß die eigentliche Unternehmensführung klassische Aufgabe des Kapitals ist. Die Mehrheit der privaten Anteilseigner hatte sich für Piëch entschieden und dafür, ihm Goeudevert als gewichtigen Stellvertreter beizuordnen. Dem konnte das Land sich nur anschließen. Die Lösung, mit Piëch den Favoriten der Privaten zu wählen und ihm den, salopp formuliert: Autopolitiker Goeudevert an die Seite zu geben, ist ein deutliches Signal für die Bereitschaft zur Verständigung mit der Wirtschaft.

Die Einwände gegen eine solche Konsensbereitschaft mit dem privaten Kapital kenne ich wohl – schließlich bin ich seit ziemlich genau dreißig Jahren Sozialdemokrat. Wer sich politisch dermaßen mit der Wirtschaft einläßt, läuft Gefahr, bloß »Arzt am Krankenbett des Kapitalismus« zu werden. So steht es bei Hilferding, dem sozialdemokratischen »Klassiker«, den wir bei den Jusos beinahe noch ernster genommen haben als Marx, Engels und das Godesberger Programm. In der Tat hat die Verständigungsbereitschaft Grenzen: Bereitschaft zum Konsens bedeutet keineswegs eine Bereitschaft zur Kumpanei. Die Struktur unserer Gesellschaft ist in vielen Bereichen, wie das Beispiel VW zeigt, weniger anfällig für die Dominanz bloß spekulativer Interessen. Darin heben wir uns positiv ab etwa von den USA. Kapitalisten, welche lieber den Spekulationsgewinn in der Hand als die einverträgliche Zukunft auf dem Dach haben, finden sich aber auch in der Bundesrepublik. Sie werden dazulernen müssen.

Den zweiten Einwand kenne ich ebenso gut, obwohl er meist hämisch daherkommt: Solche Worte aus dem Munde eines revoluzzernden Jusos, den wir doch noch in bester Erinnerung haben. Ob mich da der SPIEGEL mit langem

Haar und Bierflasche abbildet oder die *Wirtschaftswoche* mir »Lernfähigkeit« attestiert: Ich bin in Wirtschaftsfragen bestimmt nicht vom Saulus zum Paulus geworden.

Da ist erstens die Frage der sozialen Gerechtigkeit. Ich höre im Zweifelsfall auch in wirtschaftlichen Angelegenheiten genauso auf meinen Nachbarn Friedel, der ist Dachdecker, wie auf den Unternehmensberater Roland Berger (der übrigens sehr gute Dienste für die Reformkoalition tut). Zweitens war ich als Jungsozialist in der SPD, wer weiß das heute noch!, manchmal Wortführer der sogenannten Hannoveraner Fraktion oder auch »Antirevisionisten«. Diese Gruppierung, eher syndikalistisch orientiert, unterschied sich sowohl von den bloßen »Reformern«, welche für unser Verständnis allzu schnell ins gemachte Bett der Herrschenden schlüpften, als auch von den orthodoxen Linken des »Stamokap«, die wiederum meinten, da der Staat aktuell monopolkapitalistisch besetzt sei, müsse man bloß selber die Macht übernehmen, um mit staatssozialistischen Monopolen alles zum Besseren zu wenden. So blauäugig waren wir nicht.

Ohne nun altväterlich daherstapfen zu wollen, stelle ich mir vor, die »Vergesellschaftung der Produktionsmittel« wäre uns damals gelungen. Ja, die Idee des Sozialismus ist faszinierend; sie war es, und für mich bleibt sie es bis heute. Als Gesellschaftssystem aber ist der Sozialismus keineswegs nur wegen einiger Fehler im Detail, einiger Ulbrichts und Honeckers gescheitert, sondern aufgrund der Unmöglichkeit, hehre Prinzipien zu verordnen, will heißen: zu bürokratisieren. Sozialismus als staatliches System kann nur dazu führen, den individuellen Anreiz zu vernachlässigen, Verantwortung zu anonymisieren. Da gilt für den Staatssozialismus dasselbe wie für den Staatskapitalismus: In der Anony-

mität können sich zu viele verstecken. Eine der Hauptaufgaben von VW zum Beispiel ist es, die übermäßige Vielzahl der Management-Ebenen abzubauen und jeden einzelnen viel stärker als bisher in die Verantwortung einzubinden.
Ich lasse mir meine Vergangenheit aber auch von niemandem zum Vorwurf machen. Den Kampf um eine Gesellschaft, in der es weniger ungerecht zugeht, und in der weniger Menschen hungern als in unserer derzeitigen Welt, möchte ich immer noch führen. Und ganz gewiß steckten im Fall unserer Diskussionsgruppen auch hinter der krausesten Juso-Ideologie drei Grundüberzeugungen, welche meine heutige Politik ungebrochen bestimmen (oder, selbstkritisch gesagt: bestimmen sollten). Einmal der Reformeifer – ohne den hätte sich die vielleicht schwierig anmutende Reformkoalition mit den Grünen nicht machen lassen. Zweitens der Anspruch auf und die Betonung von Individualität: Leistungsbereitschaft war uns nie von vornherein verdächtig. Es ist sicher so, daß mein heutiger Umgang mit Unternehmern auch von der gemeinsamen Affinität zum Handeln bestimmt ist. Ich mag es einfach lieber, etwas zu bewegen, als bewegt zu werden – das bindet ein Stück weit. Drittens kommt es mir, wenn wir die Dinge recht besehen, manchmal so vor, als ließe sich ein alter Traum nun endlich verwirklichen: Die sogenannten Antirevisionisten bei den Jusos legten hohen Wert auf Selbstbestimmung, und das Reformbündnis, über das wir nächtelang diskutierten, an das wir aber nicht zu glauben wagten, sollte eines zwischen der Partei der Arbeiterschaft und einem aufgeklärten Unternehmertum sein.
Zugegeben: die Aufklärung war und ist beiderseits vonnöten. Der bloße Klassenkampf – so nötig er manchmal, und sei es zur Abwehr grober Ungerechtigkeit, ist – führt so we-

nig in eine bessere Zukunft wie der Raubbau-Kapitalismus. Im Strukturwandel von der Industrie- zur Dienstleistungsgesellschaft ist Klassenkampf eher hinderlich; nicht, weil Friede, Freude und Eierkuchen angesagt sind, sondern weil die Klassen selbst in Auflösung begriffen sind. Die zukunftsfähigen Gesellschaften müssen auf einem Fundament der Sozialstaatlichkeit ruhen. Das hat auch Ludwig Erhard schon gesagt, da war es allerdings eher im Sinn von Brosamen gemeint, die man in guten Zeiten den Unterprivilegierten ruhig mal gönnen könnte.

Der Vergleich ist nicht zufällig gewählt. Fortschrittliche Gesellschaften sind immer Konsensgesellschaften. In Wirtschaftswunderzeiten herrschte Einverständnis über den gemeinsamen Aufbau und die von Erhard propagierte Soziale Marktwirtschaft. Das japanische Wirtschaftswunder wiederum lebt von einer Verzichtsethik – wir müssen hier gar nicht das Beispiel des japanischen Angestellten bemühen, der seit dreißig Jahren keinen Urlaub gehabt hat. Unsere moderne Gesellschaft kann nur auf eine Partizipationsethik gegründet sein. Wenn wir den Anstoß nicht schon selber bekommen hätten – die Vielzahl gut ausgebildeter junger Frauen würde uns schon Mores lehren. Chancengleichheit ist heute keine Frage der Gnade mehr, welche die Mächtigen ihren Untertanen gewähren, sondern ein Minimum, das immer wachere Schichten der Bevölkerung einfordern und auch erleben wollen.

Ebenso verhält es sich mit den anderen großen Fragen des ausklingenden Jahrhunderts: Krieg und Frieden darf nicht mehr den Militärs überlassen bleiben; Ökologie nicht den Ökologen. Wirtschaft nicht den »Wirtschaftskapitänen«, Schulden nicht dem Finanzminister. Fortschrittliche Technologien wie die Gentechnik nicht bloß den Fachleuten und, last not least, Politik nicht den Politikern.

Pattensen, Peine, Paris

Von Ernst Bloch stammt die Formulierung über die »Gleichzeitigkeit des Ungleichzeitigen«. Treffender können die Prozesse kaum beschrieben werden, die heute die Entwicklung in Deutschland und Europa prägen. Jahrelang war die Bundesrepublik einer der Vorkämpfer für die Abschaffung der europäischen Grenzen, haben wir die Freizügigkeit auch und gerade gegenüber den Staaten Osteuropas eingeklagt. Nun sind diese Grenzen gefallen und es wird auf erschütternde Weise deutlich, welche Ängste diese Veränderungen bei denen hervorrufen, deren Hoffnungen auf westlichen Wohlstand sich bisher noch nicht erfüllt haben. Es kann uns nur beschämen, daß es wieder einmal die Fremdenfeindlichkeit ist, in der sich Arbeitslosigkeit, Wohnungsnot, drohender Einkommens- und Statusverlust ein Ventil suchen. Statt Dankbarkeit zu empfinden gegenüber den Völkern Osteuropas, die, wie die Polen, durch ihren Mut und ihre Entschlossenheit maßgeblich zum Zusammenbruch der sozialistischen Diktaturen beigetragen haben; statt die Öffnung und Integration Europas als die große historische Chance der Zukunft zu begreifen, erleben wir einen Rückfall in längst überwunden geglaubten, dumpfen Nationalismus – geschürt durch Schreckensszenarien über eine angebliche »Völkerwanderung aus dem Osten« oder den Verlust unserer ach so heiligen D-Mark.
Derweil tobt gewissermaßen vor unserer Haustür der grausamste und blutigste Konflikt, den Europa in der Nach-

kriegszeit erfahren hat. Wieder einmal ist die leidgeprüfte Stadt Sarajevo zum Symbol für Verheerung und Greueltaten geworden. Der gewaltsamen, auf Unterdrückung basierenden Ordnung des Kalten Krieges ist ein Rückfall in die Zeiten schlimmster europäischer Unordnung gefolgt, in der die Durchsetzung von Macht- und Expansionsgelüsten mit kaum gekannter kriegerischer Heftigkeit erfolgt. Die Gefahren beschränken sich keineswegs auf das Gebiet des ehemaligen Jugoslawien. Überall im einstigen Sowjetimperium streben nun die Völker, denen die Identität jahrzehntelang verweigert wurde, nach Autonomie und Eigenstaatlichkeit – dies, während im übrigen Europa die Nationen Kompetenzen auf die EG übertragen, und mit großem Getöse der Binnenmarkt eröffnet wurde.

Die EG hat auf diese Herausforderungen bislang nicht angemessen reagieren können. Ihre Unfähigkeit, auch nur ein rigides Embargo gegenüber Serbien in die Tat umzusetzen, ist tragisch, die Abwesenheit gesamteuropäischer Konzepte jämmerlich. Die EG selbst trägt so zur Ausbreitung der paradoxen Situation auf unserem Kontinent bei.

Früher oder später wird die Europäische Gemeinschaft gezwungen sein, den Völkern an den Rändern des EG-Territoriums, in Ost- und Südosteuropa ganz konkrete Hilfe in Form einer langfristigen Integration anzubieten. Dies ist keine negative Perspektive, vor der wir uns fürchten müßten, sondern im Gegenteil die einzige Chance, langfristig den Frieden zu sichern und Brandherde zu löschen.

Auch wenn sich allenthalben eine gewisse Europa-Müdigkeit breitgemacht hat – die, darauf wird zurückzukommen sein, aufgrund der Bürokratisierung europäischer Strukturen nicht unberechtigt ist: Zum europäischen Einigungsprozeß gibt es keine Alternative; diesen Prozeß voranzutreiben, ist die Bundesrepublik nicht nur berufen, sondern geradezu historisch verpflichtet. Die europäische Integration war gewissermaßen *conditio sine qua non* für die deutsche Einigung, ohne europäische Perspektive können wir auch bei unseren Nachbarn nicht um Akzeptanz für das größer gewordene Deutschland werben.

Deutschland hat in der Geschichte großes Unheil angerichtet. Hier sind zwei Weltkriege vom Zaun gebrochen worden, unter deutschem Machtstreben und Expansionswahn haben nicht nur unsere europäischen Nachbarvölker unsagbares Leid erfahren. Mit der deutschen Teilung, der Einbindung der Bundesrepublik in NATO und EG, schienen diese Gefahren zunächst gebannt. Doch wurde von unseren Nachbarn durchaus kritisch beobachtet, wie sich Deutschland wieder zu einer der stärksten Wirtschaftsmächte mit stabiler Währung entwickelte. Die deutsche Vereinigung ist in England, Frankreich, Holland und Dänemark, aber auch in Polen keineswegs nur wohlwollend, sondern auch mit Skepsis betrachtet worden. Wir können gar nicht anders, als diese tiefsitzenden Ängste zu respektieren. Schon aus ihrer historischen Verantwortung heraus muß die Bundesrepublik mit ihrer neugewonnenen Potenz äußerst vorsichtig umgehen – wie kritisch das Problemgemenge ist, erkennen wir heute schon wieder angesichts europäischer Befürchtungen vor einer erdrückendenden Dominanz der Bundesbank und ihrer Währungspolitik.

Nach 1871 hatte das Deutsche Reich durch seine Mittellage bei gleichzeitiger wirtschaftlicher Stärke eine ähnliche Verpflichtung zur Beruhigung der Nachbarn. Bekanntlich versuchte Bismarck in der damaligen Situation, durch Geheimdiplomatie und wechselnde Bündnisse ein Gleichgewicht der Kräfte herzustellen, das die Möglichkeit einer Koalition aller Nachbarstaaten gegen das mächtig gewordene Reich verhindern sollte. Ebenso bekanntlich schlug diese Politik fehl.

Heute kann der Weg nur über eine enge Kooperation und Abstimmung mit den Nachbarn führen, bei gleichzeitiger Stärkung des Föderalismus. Letzterer vor allem ist eines der besten Argumente gegen Machtmißbrauch und staatliche Großmannssucht. Deutschland mit der relativ starken Stellung seiner Bundesländer könnte sogar Vorbild sein für andere europäische Staaten mit stärkerer zentralistischer Orientierung.

Es geht also nur mit, nur in Europa, aber dieses Europa ist nicht gleichzusetzen mit Maastricht. Gewiß macht es keinen Sinn, nun lange an jenem Vertragswerk herumzukritteln, immerhin ist dahinter der gute Wille der beteiligten Staaten zu einer gemeinsamen Wirtschafts-, Währungs- und Sozialpolitik erkennbar. Auf dem Weg zur wirklichen politischen Union werden noch einige Verträge aus- oder nachzuverhandeln sein, die Vertragspolitik kann aber nicht allein im Vordergrund stehen. Entscheidend ist die qualitative, die inhaltliche Integration Europas, ist die Ablösung des Nationalstaats und des nationalstaatlichen Denkens durch einen gemeinsamen, neuen Organismus, der die Probleme des dritten Jahrtausends besser zu lösen verspricht. Das können nur die europäischen Regionen unter dem Dach der Europäischen Gemeinschaften sein.

Maastricht ist zu einer Chiffre geworden für ein bloß bürokratisches Zusammenwachsen Europas. An einem Großteil unserer jüngeren Generationen können wir beobachten, daß ihm europäisches Denken längst selbstverständlich ist. Dieser Jugend geht die europäische Integration sogar zu langsam, ohne daß sie deshalb auf die Bindung an ihre jeweilige Heimat verzichten möchte. Derzeit wirkt der Integrationsprozeß aber undurchschaubar, in eine Vielzahl von Vorschriften Brüsseler Provenienz gebettet. Außerdem erscheinen die demokratischen Kontrollinstrumente des gemeinsamen Europa ausgesprochen kümmerlich entwickelt. Von den Vorschriften, Erlassen und Dekreten versteht man meist ohnehin nur dann etwas, wenn sie sich unmittelbar negativ auswirken, wie beim berühmten Beispiel mit dem Rohmilchkäse. Es ist daher nicht so schwer zu verstehen, daß Maastricht bei der Volksabstimmung in Dänemark durchgefallen ist und in Frankreich nur äußerst knapp angenommen wurde.

Doch nicht die Referenden sind die großen Hemmnisse auf dem Weg zur Integration – wenngleich mich die Arroganz mancher Politiker und Publizisten schon erstaunt, mit der da behauptet wird, ein dänisches Nein könne den einmal in Fahrt gekommenen Zug auch nicht einen Zentimeter vom Kurs abbringen. Woran die wirtschaftliche und politische Union zu scheitern droht, ist vielmehr der Fortbestand der nationalstaatlichen Lösungen. Wir haben das am Beispiel Frankreichs im Agrarstreit gesehen, noch viel deutlicher allerdings am Auseinanderbrechen des Europäischen Währungssystems. Hier trifft die Bundesregierung mit ihrer unverantwortlichen Schuldenmacherei erhebliche Verantwortung: Die Bundesbank war schon qua Gesetz gezwungen, auf die ernormen Haushaltsdefizite mit Zinserhöhungen zu reagieren, welche wiederum die Nachbarwährungen ungehörig unter Druck setzten. Von einer europäischen Perspektive kann da nun wirklich keine Rede sein.

In früherer Zeit hatten die Provinzen und Herzogtümer in Europa lernen müssen, sich zu Nationen zusammenzuschließen. Die Antwort auf die Herausforderungen der be-

ginnenden Moderne war der Nationalstaat. Nach dem Zweiten Weltkrieg allerdings – und erst recht nach dem Ende des Kalten Krieges – sind Nationalstaaten nicht mehr geeignet, die wichtigsten Probleme zu lösen: Wirtschaft und Verkehr, Ökologie und Energie, Wissenschaft und Telekommunikation wirken längst grenzüberschreitend. Die Zusammenfassung nationalstaatlicher Befugnisse in der EG ist insofern eine richtige und zeitgemäße Entwicklung.
Dieser Weg muß aber ergänzt und begleitet werden durch eine Stärkung der Regionen in Europa. Anders läßt sich das Vakuum nicht füllen, das durch den Bedeutungsverlust der Nationalstaaten entsteht. Der Zerfall der Sowjetunion sowie der ost- und südosteuropäischen Länder mag uns da ein warnendes Beispiel sein. Ohne eine Stärkung der Regionen aber werden wir auch die nötige Bürgernähe nicht garantieren können, und Bürgernähe ist angesichts der komplexen Strukturen und Entscheidungsabläufe im europäischen Einigungsprozeß ein ganz und gar vordringliches Anliegen.
Wenn wir Niedersachsen unser Verhältnis zur Welt selbstironisch auf die Schippe nehmen, nennen wir den Weg »Pattensen – Peine – Paris«. Abgesehen von der hübschen Alliteration gefällt dieser Spruch mir gerade im Hinblick auf das gemeinsame Europa. Er versinnbildlicht Identität und Heimatverbundenheit bei gleichzeitiger Weltoffenheit. Man könnte ihn auch weiter interpretieren zu dem Motto »Einheit in Vielfalt«. Das scheint es, was Europa am dringendsten braucht.
Denn die Identität, mithin auch die Zufriedenheit der Menschen definiert sich nicht mehr allein über ein Leben im gleichen Sprachraum oder in gemeinsamen Wohlstandsgrenzen, sondern mehr und mehr auch über die kulturelle

Zugehörigkeit, welche viel mit Tradition zu tun hat. Die Grenzen zwischen diesen kulturellen Einheiten verlaufen zum Teil willkürlich, sind hie und da Ergebnis historischer Zufälligkeiten. Wo sie von ungeliebten Staatsgrenzen zerschnitten sind, droht Gefahr für Frieden und Freiheit. Wo die Grenzen künstlich sind, kann Fremdenfeindlichkeit entstehen.

Aus diesem Dilemma helfen staatlich, beziehungsweise EG-weit garantierter Minderheitenschutz einerseits, die Relativierung staatlicher Grenzen bei Schaffung grenzüberschreitender Regionen andererseits. Erst dort, wo die Menschen sozial abgesichert ihre Identität frei leben können, unbehindert von staatlicher Repression oder administrativen Beschränkungen, entstehen Selbstbewußtsein, Zufriedenheit und Toleranz.

Mit Inkrafttreten des Binnenmarktes haben die Nationalstaaten als begrenzte Einheiten der Wirtschaftstätigkeit ihre Bedeutung verloren. Wo jetzt noch bloß nach nationalem Interesse gehandelt wird, muß man sich darüber bewußt sein, daß Einzelentscheidungen stets für Europa gelten. Herausgefordert ist demgegenüber der Wettbewerb der Regionen; darin wird sich zeigen, wie weit die gewachsenen Strukturen den neuen Anforderungen standhalten. Auch weit unterhalb staatlicher Neugliederung können neue Einheiten entstehen. Ein Beispiel dafür ist die im März 1991 zwischen Niedersachsen, Bremen sowie den nordniederländischen Provinzen Drenthe, Friesland, Groningen und Overijssel geschlossene Vereinbarung zur stärkeren Kooperation im Rahmen der »Neuen Hanse Interregio«. Wir sind darin übereingekommen, insbesondere auf den Gebieten regionale Wirtschafts- und Verkehrspolitik, Forschung und Entwicklung, Umwelt- und Naturschutz, Landwirtschaft, Kul-

tur und Bildung sowie bei der Entwicklung einer gemeinsamen EG-Strategie intensiv zusammenzuarbeiten.
Die Stärkung der regionalen Identitäten ist ein wichtiges Mittel gegen gefährlichen Separatismus, Fremdenfeindlichkeit und das Verharren in den Blockademustern des Nationalstaats. Starkes Regionalbewußtsein könnte zur Basis werden für ein tolerantes Europa. Das entbindet uns nicht von der Pflicht, denen zu helfen, die zu uns kommen, weil sie in ihrer Heimat keine Lebenschance mehr sehen. Wenn wir ihnen diese Grundlage bei uns nicht bieten können, müssen wir sie vor Ort, in Osteuropa, im Nahen Osten, in Afrika oder Asien schaffen helfen. Europas Wohlstand gründet sich auch auf die Entbehrungen der sogenannten Dritten Welt. Sie wird uns eines Tages die Rechnung präsentieren – die Alternative dazu, den Armutsflüchtlingen bei uns oder in ihrer Heimat zu helfen, wäre eine Festung Europa, in Paragraphen eingemauert und von bewaffneten Grenztrupps bewacht.
Das kann unser Ziel nicht sein. Statt dessen können wir versuchen, aus Europa einen lebenswerten gemeinsamen Wirtschafts- und Kulturraum zu machen. Ein solches Europa wird ganz wesentlich auch dezentral sein oder es wird nicht sein. Die rechtliche Ausgestaltung ist das eine; die entsprechenden Forderungen der Bundesländer zur Wirtschafts- und Währungs- sowie der politischen Union liegen vor. Das ist zum einen die Verankerung des Subsidiaritätsprinzips, demzufolge Aufgaben immer von der dem Problem am nächsten stehenden Ebene wahrgenommen werden, statt grundsätzlich von einer Zentrale. Zweitens betrifft das die Beteiligung von Ländern und Regionen an der Arbeit des EG-Ministerrates, drittens die Verankerung eines Regionalorgans in den Gemeinschaftsverträgen und schließlich die

Einräumung eines eigenständigen Klagerechts der Regionen gegen Maßnahmen des Rates und der Kommission. Dies kann aber nur der Rahmen sein. Region ist in Europa längst nicht gleich Region, nur wenige haben eine derart starke Position wie die deutschen Bundesländer. Die inhaltliche Dezentralisierung voranzutreiben, das Europa der Regionen mit Leben zu erfüllen und andere Regionen zu stärken – das könnte, ja müßte ein bedeutender Beitrag sein, den die föderale Bundesrepublik in den europäischen Integrationsprozeß einbringen kann.

Es könnte dem größer gewordenen Deutschland nur gut tun, wenn man mehr Gedanken darauf verwendete, was wir zur Verständigung und zur verbesserten Integration in Europa und der Welt beitragen können, als ständig und ausschließlich die Frage zu stellen, welche Truppen wir wohin entsenden sollten. Mich macht es sprachlos, mit welcher Phantasielosigkeit die Debatte um die gewachsene Verantwortung in der Welt und um die Frage bewaffneter Bundeswehreinsätze kreist. Es geht ja keineswegs um friedenssichernde oder humanitäre Missionen, ausgeführt mit dem Instrument der Blauhelme. Zu einer entsprechenden Grundgesetzänderung wäre die SPD jederzeit bereit. Man will sich aber damit nicht begnügen, sondern man will die möglichst wenig eingeschränkte militärische Verfügbarkeit der Bundeswehr. Wer ausgerechnet an der Schwelle zum 21. Jahrhundert, nachdem die atomare Bedrohung endlich schwindet und wirkliche Abrüstungsschritte erzielt werden konnten, Deutschlands neue Rolle in der Welt zuallererst militärisch definieren will, stellt sich ein ziemliches Armutszeugnis aus. Gerade Deutschland müßte der Welt anderes zu geben haben als Waffen und Soldaten.

Natürlich hat die Diskussion auch zu tun mit der Beurteilung des alliierten Eingreifens im Golfkrieg 1991. Ich habe nie ein Hehl daraus gemacht, daß ich diesen Krieg für falsch und verhängnisvoll gehalten habe. Ich habe eine Initiative gegen den Krieg unterstützt, die meine Frau gemeinsam mit den vier Ministerinnen des niedersächsischen Kabinetts ins Leben gerufen hat. Ich habe an Demonstrationen teilgenommen und auf mehreren Kundgebungen das Wort ergriffen. Ich habe meinem Kultusminister den Rücken gestärkt, der erklärt hat, diejenigen Schüler nicht disziplinieren zu wollen, die während der Unterrichtszeit demonstriert haben. Ich habe für den Rückzug der Bundeswehrsoldaten plädiert, die während des Konfliktes aus dem niedersächsischen Oldenburg in die Türkei verlegt worden waren, weil man nach Lage der Dinge fürchten mußte, der türkische Präsident würde sich ins Kriegsgeschehen einmischen, um türkische Großmachtinteressen einzubringen, und damit den Bündnisfall auslösen. Nicht alle in der SPD, auch nicht in meinem eigenen Landesverband, haben diese Position geteilt.

Wenn wir heute das Ergebnis betrachten, fühle ich mich eher bestätigt: Der Krieg ist keineswegs mit »minimalen Verlusten« geführt worden, er hat zehn- bis zwanzigtausend Irakern, viele von ihnen Zivilisten, das Leben gekostet. Man hat also das Volk bestraft für einen blutrünstigen Diktator, der sich im übrigen an der Macht hat halten können. Auch in Kuwait, um dessen Befreiung es schließlich ging, sind Anzeichen nachhaltiger Demokratisierung nicht zu erkennen, so gibt es dort noch immer kein Frauenwahlrecht. Die Umweltschäden, die der Krieg verursacht hat, sind bis heute noch nicht in vollem Umfang zu ermessen. Das heißt nicht, daß die Welt vor der Aggression Saddam Husseins hätte kapitulieren sollen. Aber wenn selbst im Pentagon durchaus

qualifizierte und hochrangige Militärs eher auf ein verschärftes und auch kontrolliertes Embargo gesetzt haben, kann der Zwang zur kriegerischen Lösung so unmittelbar nicht gewesen sein. Hier ist die Staaten- und Völkergemeinschaft gefordert, intensiver über den Einsatz nichtmilitärischer Druckmittel nachzudenken, und natürlich sind auch wir Deutschen gefordert: zum Beispiel, indem wir endlich und unwiderruflich die Voraussetzungen schaffen, auf jeglichen Waffenexport außerhalb des Bündnisses verzichten.
So steht es in der Verfassungsinitiative der niedersächsischen Landesregierung. Diese Position verliert keinen Deut von ihrer Richtigkeit, auch wenn ich mich als Ministerpräsident eine Zeitlang und mit Blick auf die besondere Situation der norddeutschen Werften für den Bau von U-Booten und Fregatten im Auftrag Taiwans eingesetzt habe. Über die Kommunikationspannen bei diesem Engagement ist schon gesprochen worden, an dieser Stelle soll nur der Zielkonflikt noch einmal ausgeleuchtet werden, in welchen der Ministerpräsident eines Küstenlandes in solch einer Frage geraten kann. Denn als Regierungschef ist einer nicht gewählt, um lediglich Parteitagsbeschlüsse möglichst rasch in die Tat umzusetzen, sondern er muß das Schicksal derer im Blick haben, deren Nutzen zu mehren und Schaden von ihnen zu wenden er in seinem Amtseid geschworen hat. Man kann also eine Diskussion um den Bau von Kriegsschiffen nicht führen, ohne darüber zu reden, welche Folgen das Ausbleiben solcher Aufträge für die Beschäftigten auf den Werften hat.
Das heißt nun keineswegs, daß man hier einen Kuhhandel suchen soll, in dem man hehre Prinzipien gegen die kurzfristige Sicherung von Arbeitsplätzen eintauscht. Es fragt sich nur, ob eine prinzipielle Position per se auch in jeder aktuel-

len Situation durchsetzbar ist, solange die Voraussetzungen für die praktische Anwendung des Prinzips nicht geschaffen sind. Bleiben wir beim Beispiel der Werftindustrie: In einem Bundesland, das von Stellenabbau bei Großbetrieben wie Klöckner und VW betroffen ist, kann keiner Regierung das Schicksal der Werften und ihrer Beschäftigten gleichgültig bleiben. Wir wissen andererseits von den weltweiten Wettbewerbsverzerrungen im Handelsschiffbau, denen ernsthaft nur mit massiver Subventionierung zu begegnen ist – über die es derzeit zumindest keinen Konsens gibt; die Bundesregierung zahlt allerdings nicht einmal die nach EG-Recht zulässigen Subventionen. Die zweite Möglichkeit, den Handelsschiffbau aufrechtzuerhalten, hört auf den häßlichen Namen »Marineschiffbau«, bis auf weiteres die einzige Möglichkeit, entsprechende Kapazitäten auszulasten.
Nun kann man, wie es die niedersächsische Landesregierung versucht, den Umstrukturierungsprozeß bei den Werften dahin treiben, den Marineschiffbau zurückzunehmen und die Kapazitäten für neue Produkte, Techniken und Produktlinien zu nutzen. Angesichts der wiederkehrenden Tankerkatastrophen mit ihren verheerenden Folgen wäre es sicher sinnvoll, unsere Werften würden sich auch auf die Modernisierung dieser schwimmenden Zeitbomben spezialisieren können und konkurrenzfähige Angebote machen. Gegenwärtig ist dem nicht so, die objektiven Voraussetzungen für ein radikales Umsteuern in der Werftpolitik sind nicht gegeben, weil die entsprechenden Mittel fehlen. Daraus folgt aber auch, daß es eben nicht genügt, bloß das Prinzip zu formulieren, daß Waffenexporte außerhalb des Bündnisses – und in ferner Zukunft vielleicht einmal überhaupt – zu unterbleiben haben. Man muß dann auch dafür Sorge tragen, daß der Umstieg der dazugehörigen Industrie-

zweige ermöglicht wird, andernfalls werden wir den Abwägungsprozeß zwischen einzuhaltenden Prinzipien einerseits und volkswirtschaftlichen Konsequenzen andererseits jedesmal quälend aufs neue erleben.
Ein anderer Aspekt in diesem Zusammenhang ist der Umgang mit der Moral. Ich habe hohen Respekt vor denjenigen, die auch in Kenntnis möglicher volkswirtschaftlicher Schäden jeden Waffenexport ablehnen. Ich habe ebenso hohen, fachlichen Respekt vor einer Position, die zum Beispiel den Verkauf von U-Booten nach Taiwan ablehnt, weil damit die bilateralen Wirtschaftsbeziehungen mit der Volksrepublik China gefährdet würden. Wie gesagt, das ist eine ernstzunehmende Position. Nur angesichts der grausamen Menschenrechtsverletzungen des Pekinger Regimes wird eine solche Haltung sich nicht ebensowenig auf die Moral berufen dürfen wie die Genehmigung von U-Boot-Verkäufen an Indonesien. Auch ist niemandem so recht verständlich zu machen, warum Taiwan keine deutschen Kriegsschiffe bekommen darf, wohl aber deutsche Raketenteile. Meinungsunterschiede in diesen sensiblen außenpolitischen Fragen sind selbstverständlich; die Diskussion darüber wird jedoch nicht sinnvoll zu führen sein, wenn jeweils eine Seite sich im alleinigen Besitz von Moral oder weltpolitischer Weisheit wähnt. Ich war gegen den alliierten Feldzug am Golf und halte nicht viel von Bundeswehreinsätzen außerhalb des Bündnisgebietes. Das ist auch in der SPD keineswegs die einhellige Meinung. Nur kann doch im Ernst der Vorwurf nicht greifen, wer für Verhandlungslösungen und Embargo, gegen die massive Vernichtung von Menschenleben sich einsetzt, betreibe die internationale Isolation Deutschlands.
In die Isolation führen doch viel eher diejenigen, die es gar

nicht abwarten können, deutsche Soldaten ins Feld zu schicken. Allem Augenschein nach ist dieses Land noch weit davon entfernt, schon wieder zusammengewachsen, wirklich sozial integriert zu sein. Nur eine integrierte Gesellschaft aber, die in solch entscheidenden Fragen wie der eines – auf dem Hintergrund der Geschichte: gerade deutschen – Militäreinsatzes die Mittel und Wege hat, zu einem Konsens weit über die politische Klasse hinaus zu kommen, kann ihre Rolle in der Welt sinnvoll spielen. Bill Clinton hat im amerikanischen Wahlkampf vor Offiziersschülern einmal gesagt, die USA könnten Stärke nur aus sozialer und wirtschaftlicher Gesundung zu Hause gewinnen und nicht etwa aus einer weltpolitischen, militärisch gestützten Dominanz. Dasselbe muß für Deutschland gelten. Wir werden den Löwenanteil der Hilfen für die Staaten in Osteuropa und der GUS tragen müssen – darüberhinaus sollten wir in Anbetracht unseres noch immer zu geringen Entwicklungshilfeaufwandes an Armeeeinsätze noch weniger dringend denken. Wir haben der Welt vieles zu geben: Nicht bloß Geld oder technisches Know-how, sondern auch und gerade unsere Erfahrungen bei der Bewältigung der innerdeutschen Integration werden gefragt sein.

Bevor die aber nicht geleistet ist, bleibt die Diskussion um Militäreinsätze abenteuerliches Stückwerk.

Keine Zukunft ohne Zuwanderung

Offiziell ist die Asyldebatte beendet – wenigstens fürs erste. Der Zufall wollte es, daß die Verhandlungspartner in Bonn genau an jenem 6. Dezember den Kompromiß aushandelten, als in München mehr als 400 000 Menschen gegen Fremdenhaß und Rechtsextremismus mit einer Lichterkette demonstrierten. Hätte man nicht viel früher auf solchen Bürgersinn setzen müssen, habe ich mich da gefragt, statt sich von dumpfen Mordbanden und Stammtischpolitikern derart unter Druck setzen zu lassen? Mit welcher Scheinheiligkeit die CDU uns zum Kompromiß gedrängt hatte – um uns propagandistisch die Schuld an den Mißständen, vor allem in den Kommunen in die Schuhe schieben zu können –, zeigte sich doch schon ein paar Wochen später, als Bundesinnenminister Seiters seinen ersten Gesetzentwurf vorlegte, der in gleich sieben wesentlichen Punkten vom Verhandlungsergebnis abwich. Demgegenüber müssen wir es jetzt schon fast als »Erfolg« verbuchen, wenigstens das ursprüngliche Verhandlungsergebnis erhalten zu haben. Hätten wir als Sozialdemokraten nicht andererseits allesamt bei diesem Thema früher offensiv werden sollen, statt allzu lange ausschließlich die Buchstaben des Grundgesetzartikels 16 vor uns herzutragen? »Die Verfassung ... hat sich dann zu bewähren, wenn es schwierig wird«, hatte ich noch ein dreiviertel Jahr zuvor im SPIEGEL geschrieben. »Sonst wird die Verfassung zur Betriebsanleitung für die Durchsetzung gesunden Volksempfindens.« Und: »Innenpolitische Erwä-

gungen *dürfen* bei der Asylgesetzgebung keine Rolle spielen – das *einzige* Kriterium hat die Sicherheit politisch verfolgter Menschen zu sein.« Das alles ist richtig, und ich habe davon kein Jota zurückzunehmen. Aber hätte nicht der rechtzeitige Hinweis, daß die Bundesrepublik – bei allem Reichtum – nicht in der Lage ist, die Notleidenden der Welt auf ihrem engen Territorium zu beherbergen, uns früher in die Lage versetzen können, eine eigene Zuwanderungspolitik zu vertreten, statt uns in die Defensive drängen zu lassen?
Wie gesagt, die moralischen Gründe, am Artikel 16 ohne Wenn und Aber festhalten zu wollen, waren und sind untadelig. Leider konnte der Spielraum nicht ausgelotet werden, den wir durch bloße Veränderungen im Verwaltungsverfahren womöglich gewonnen hätten – unter dem Druck einer geradezu nach Verfassungsänderung gierenden CDU/CSU und auch unter erheblichem Druck aus der eigenen Partei, das Thema endlich vom Tisch zu bekommen, blieb keine Gelegenheit mehr zu praktischen Versuchen. Da wir uns andererseits wohl nicht rechtzeitig in befriedigender Weise analytisch mit dem Flüchtlingsproblem auseinandergesetzt hatten, hatte die SPD auch kaum noch Möglichkeiten, präzise Forderungen im Rahmen einer Zuwanderungspolitik in die Verhandlungen einzubringen.
Ich war Mitglied der Verhandlungskommission und will deshalb hier nicht nachtarocken. Ich habe mir während der Verhandlungen – angesichts der Unverfrorenheit, mit der die andere Seite nichts weniger als die Eliminierung des Asylrechts betrieb, aber auch angesichts der teilweisen Hilf- und Ahnungslosigkeit sozialdemokratischer Positionen – mehr als einmal überlegt, die Brocken hinzuwerfen. Ich habe aber auch den Preis einkalkuliert, den ein solcher Schritt unweigerlich nach sich ziehen müßte: Ausscheiden aus dem SPD-

Präsidium, aber auch Rücktritt vom Amt des niedersächsischen Ministerpräsidenten, denn für eine Verweigerungsposition hätte ich weder in der hiesigen SPD noch bei den Wählern eine Mehrheit hinter mir gehabt. Dieser Preis erschien mir zu hoch. Man mag das für feige halten, ich habe es jedenfalls vorgezogen, um die Substanz zu kämpfen, die noch verblieben war.

Mitgefangen, mitgehangen: Ich werde mich jetzt nicht aus dem Kompromiß herausstehlen; über das schließlich erzielte Ergebnis kann man streiten. Unbestreitbar ist, daß die Bundesrepublik in der Asyldebatte Schaden genommen hat. Nicht nur wegen Terror und Rassismus, Brandstiftungen und Mordanschlägen, die sich das Asylproblem als billigen Vorwand nahmen, was von der Öffentlichkeit auch viel zu lange hingenommen worden ist. Ja, schon die Fortsetzung der Diskussion unter dem Eindruck dieser Verbrechen hat Schaden angerichtet, nicht nur der Vorsitzende des Zentralrats der Juden in Deutschland hat das immer wieder scharf kritisiert: daß man überhaupt diskutiert hat, während die Häuser brennen und Menschen ermordet werden, daß man den Mördern damit den Eindruck vermittelt hat, sie richteten etwas aus mit ihren feigen Anschlägen. Und als in Mölln drei ganz »normale«, seit Jahren unter uns lebende Ausländerinnen verbrannten wurde diese »Normalität« zum, späten, Auslöser allgemeinen Entsetzens. Als sei es weniger schlimm gewesen, wenn es sich bei den Ermordeten um Asylbewerberinnen gehandelt hätte.

Schaden genommen hat vor allem unsere Zukunftsfähigkeit; es sind seit dieser Debatte Zweifel erlaubt an der Kompetenz unserer Gesellschaft und ihrer Politik, die vor uns liegenden Aufgaben sachlich und human zu lösen. Wir haben es zugelassen, daß mit einem Sud aus Vorurteilen und Frem-

denangst, aus Deutschtümelei und Sozialneid Parteipolitik gemacht werden konnte – bis aus den Sätzen Brandsätze geworden waren. Das rational greifbare Problem, die Überlastung vieler Kommunen bei der Unterbringung von Asylbewerbern und die oft spannungsgeladene Situation in der Nachbarschaft der immer notdürftiger werdenden Unterkünfte, spielte in der Debatte längst keine Rolle mehr. Um die Forderung nach Einschränkung des Asylrechts zu begründen, genügte in der Regel der Hinweis, daß es »zu viele« Asylbewerber gibt, und daß die meisten das Asylrecht »mißbrauchen«. Schon das vernünftige Argument war kaum mehr vorzubringen, daß wir in erster Linie eine Zuwanderungsgesetzgebung brauchen, weil der Mangel an einer solchen zahllose Menschen erst dazu zwingt, sich als politisch Verfolgte auszugeben, weil wir sie andernfalls gar nicht erst über unsere Grenzen lassen würden. Ein rationaler Diskurs darüber, daß es heute Fluchtgründe gibt, ökologische zum Beispiel oder Kriege, an die bei Verabschiedung des Grundgesetzes noch niemand denken konnte, ließ sich nicht führen. In dieser Debatte hatte sich das politische Koordinatensystem so weit nach rechts verschoben, daß sich schließlich weit linksaußen wiederfand, wer lediglich seine Position aus den Tagen des Mauerfalls beibehalten hatte. Am Ende konnte es nur noch darum gehen, sich für den unbedingten Erhalt des individuellen Rechts auf Asyl für politisch Verfolgte geradezumachen und für die ebenfalls bedrohte Rechtswegegarantie, welche der Verfassungsrechtler Richard Thoma einmal den »Schlußstein im Gewölbe des Rechtsstaates« genannt hat. Nicht wenige Kritiker sagen heute, der Kompromiß höhle beides unzumutbar aus.
Das mag von denen gewollt sein, welche die Asylgewährung

lieber als Gnadenerweis sähen denn als einklagbares Recht. Es muß aber nicht so kommen, wenn wir uns endlich darauf besinnen, was der Kern dieser Debatte ist: daß viel zu viele sich durch eine für sie nicht geschaffene Schleuse schlängeln, weil wir zwar Zuwanderung haben und auch brauchen, aber keine Zuwanderungspolitik. Wenn wir es dabei belassen, wird der Asylkompromiß lediglich dazu führen, daß wir viel mehr illegale Zuwanderer bekommen. Ganze 8064 Flüchtlinge oder drei Prozent im Jahr 1991, hätten – legt man die Kriterien des Hohen Flüchtlingskommissars der UN zugrunde – aufgrund der Klausel über die sogenannten sicheren Herkunftsländer abgewiesen werden können, wenn auch erst nach, freilich beschleunigter Prüfung ihres Antrags. Aber auch die Vereinbarung, aus sogenannten sicheren Ländern eingereiste Antragsteller dorthin zurückzuverbringen, wird, wenn wir die Wanderungsbewegungen nicht steuern, allenfalls zu vermehrter illegaler Migration zwischen den beteiligten Ländern führen.
Wir brauchen eine europäische Asylpolitik, keine Frage, und wir brauchen auf Dauer auch eine europäische Zuwanderungspolitik. Dafür müssen wir uns allerdings zunächst selbst darüber klar werden, wie wir es mit den Menschen halten wollen, die sich in Deutschland ein besseres Leben erhoffen; mit Flüchtlingen also, mit illegalen Arbeitskräften, aber auch mit Aussiedlern und Aussiedlerinnen. Ob nämlich eine rumänische Familie bei uns um politisches Asyl nachsucht oder unter Berufung auf einen deutschstämmigen Urgroßvater zu uns kommt, das ändert weder an den realen Integrationsproblemen etwas noch an den deutschen Ängsten vor Überfremdung.
Dreieinhalb Millionen Menschen sind zwischen 1988 und 1991 in die Bundesrepublik gekommen, davon weit mehr

Aus- und Übersiedler als Flüchtlinge. Zu viele? Halten wir zunächst dreierlei fest:
Erstens. Ohne diese Zuwanderung wäre die Arbeitslosigkeit in der Bundesrepublik nicht niedriger, sondern höher. Nach Berechnungen des Rheinisch-Westfälischen Instituts für Wirtschaftsforschung (RWI) haben diese dreieinhalb Millionen mehr Arbeitsplätze geschaffen, als sie selbst besetzen. Und: Sie verrichten Arbeiten, für die deutsche Bewerber ohnehin nicht zur Verfügung stehen. Ohne Zuwanderer würden etliche Betriebe und Krankenhäuser, auch manche Nahverkehrsunternehmen zusammenbrechen.
Zweitens. Auch ohne Zuwanderung gäbe es in der Bundesrepublik eine drastische Wohnungsnot, weil die deutsche Bevölkerung heute pro Kopf fünfzig Prozent mehr Wohnraum beansprucht als vor zwanzig Jahren. Zudem hat der Bund den sozialen Wohnungsbau in den achtziger Jahren faktisch eingestellt und nichts getan, die massenhafte Vernichtung preiswerten Wohnraums zu stoppen. Die große Mehrzahl ausländischer Familien aber wohnt in Wohnungen, die zu beziehen deutsche Mieter sich weigern würden.
Drittens. Ohne Zuwanderung wären die Sozialversicherungsbeiträge höher und die Sozialleistungen niedriger. Nach den RWI-Berechnungen haben die erwähnten dreieinhalb Millionen Zuwanderer dem Staatssäckel und den Sozialkassen im Jahre 1991 direkt und indirekt einen Reingewinn von 41 Milliarden Mark gebracht – die Kosten für Unterbringung, Eingliederung und Sozialhilfe, mit denen sie dem Staat unter Umständen zur Last gefallen sind, bereits abgerechnet.
Diese Beiträge, welche die Zuwanderer leisten, werden in den nächsten Jahren für uns noch wichtiger werden. Da es unter der deutschen Bevölkerung immer mehr Alte und im-

mer weniger Junge gibt, wird nach Prognosen des Verbandes Deutscher Rentenversicherer bereits im Jahre 2040 auf jeden deutschen Erwerbstätigen ein Rentner kommen. Das heißt: Wenn wir keine totalitäre Bevölkerungspolitik betreiben wollen, und das kann im Ernst niemand vorhaben, sind wir auf Zuwanderung angewiesen. Andernfalls können wir uns ausrechnen, wann unser Wohlstand und mit dem Generationenvertrag auch unser gesamtes soziales System zusammenbricht.

Eine notwendige Zuwanderungsrate von 300 000 bis 500 000 Einwanderern pro Jahr haben Thomas Schmid und Daniel Cohn-Bendit vom Frankfurter Amt für Multikulturelle Angelegenheiten errechnet, wenn wir nur unseren gegenwärtigen Lebens- und Versicherungsstandard aufrechterhalten wollen. Wohlgemerkt: Das ist eine nüchterne statistische Feststellung und keine multikulturelle Schwärmerei. Unsere Gesellschaft der Zukunft wird multikulturell sein, ob wir das wollen oder nicht. Und diese Gesellschaft wird kein harmonisches Volksfest sein mit Bauchtanz und Zaziki an der Straßenecke. Es wird neue Probleme und neue Verteilungskämpfe geben. Die Frage ist nur, ob wir an diesen Problemen arbeiten oder sie nach Art des Vogel Strauß einfach leugnen.

Rund eine Million Zuwanderer jährlich hatten wir Ende der 80er Jahre. Das sind – auf die Gesamtbevölkerung umgerechnet – fünfmal mehr, als das klassische Einwanderungsland USA in den nächsten Jahren aufnehmen will. Die Bonner Koalition aber hält immer noch stur an dem Trugbild fest: »Die Bundesrepublik ist kein Einwanderungsland.« Da auch in den Reihen der Regierungskoalition der eine oder andere des Rechnens mächtig sein müßte, kann man sich das nur so erklären, daß man am liebsten die Zuwanderung ohne die

Menschen hätte, die uns vor unangenehme Aufgaben und Herausforderungen stellen. Aber wie es mit Trugbildern nun einmal ist: Sie machen das Leben schwerer, nicht leichter. Eine solche Politik ist nicht bloß menschenverachtend, weil sie den Zuwanderern, die wir *haben* und die wir *brauchen*, ihre Rechte vorenthält und sie bei Bedarf oder Opportunität für unerwünscht erklären will. Durch beharrliches Wiederholen längst widerlegter Illusionen wird vor allem verhindert, daß wir die Zuwanderung steuern. Eine offensive Einwanderungspolitik wäre ja keineswegs gleichbedeutend mit grenzenloser Zuwanderung.

Solange an der Schimäre festgehalten wird, wir seien kein Einwanderungsland, ist die Entwicklung einer positiv definierten Ausländerpolitik blockiert. Die Asyldebatte hat beinahe alle Ansätze in dieser Richtung erstickt. Deswegen muß für uns die Debatte jetzt erst eigentlich beginnen. Die Gleichstellung von Ausländern und Deutschen ist angesichts eines sich ausbreitenden Fremdenhasses – auch und gerade als Zeichen der Ablehnung jeden Rassismus – noch dringlicher geworden.

Wir brauchen dazu ein Einbürgerungsrecht, das sich vom Mythos des »deutschen Blutes« löst und statt dessen endlich nachvollzieht, was in unseren demokratischen Nachbarstaaten längst Praxis ist: Hätte die Bundesrepublik ein Einbürgerungsrecht wie Frankreich oder Schweden, könnten gut zwei Drittel der hier lebenden Ausländer auf Anhieb einen deutschen Paß erhalten. Wir brauchen dazu selbstverständlich auch das Recht auf doppelte Staatsbürgerschaft, weil wir von niemandem verlangen können, daß er sich bei uns integriert und damit automatisch etwa seine Erbrechte im Herkunftsland verwirkt. Wir brauchen die Gleichberechtigung von Ausländerinnen und Ausländern auf dem Arbeits- und

Ausbildungsmarkt, und wir brauchen auch sinnvolle Programme, ausländische Jugendliche der zweiten oder dritten Generation zu einer guten Ausbildung zu motivieren (dies gerade angesichts der Tatsache, daß für viele Ausbildungsplätze heute schon deutsche Anwärter nicht zur Verfügung stehen). Wir sollten reden über ein Antidiskriminierungsgesetz, wie es sich in den Niederlanden durchaus bewährt hat. Wir brauchen schließlich ein Wahlrecht für alle, die hier dauerhaft leben.

Bei all diesen auf Gleichstellung zielenden Maßnahmen sollte ein Gedanke im Vordergrund stehen: Unsere Politik prägt das Klima, in dem Ausländer bei uns leben. Solange es in der Bundesrepublik Menschen minderen Rechtes gibt, wird es auch Leute geben, die sie für Menschen minderen Wertes halten. Um so zynischer ist es, zwar ein Land mit Zuwanderung sein zu wollen (und zu müssen), aber kein Einwanderungsland.

Das »Ausländerproblem« werden wir nur wirklich lösen können, wenn wir Menschen fremder Herkunft nicht mehr als Fremde und Auszugrenzende behandeln, sondern als das, was sie sind: eine Bereicherung unseres wirtschaftlichen, sozialen und kulturellen Lebens. Dazu gehört, daß wir das Fremde an ihnen akzeptieren, sie aber auch auf die Unterschiede hinweisen, die es etwa zwischen unserer Gesellschaft und manchen Usancen des islamischen und anderer Kulturkreise gibt. Das von uns geforderte Maximum an Toleranz muß mit einem Maximum an Anpassungswillen beantwortet werden. Auch das Toleranzangebot muß notwendig an Grenzen stoßen, wo durch die Zuwanderer andere demokratische Grundsätze verletzt werden: das Recht auf freie Meinungsäußerung etwa, die rechtliche und politische Gleichheit von Mann und Frau oder die Trennung von Kirche und Staat. Wenn jemand bei uns eine Koranschule eröffnen möchte, ist das sein gutes Recht, ebenso, wie man eine baptistische Sonntagsschule betreiben darf. Wird der Besuch der Koranschule aber an die Stelle der allgemeinen Schulpflicht gesetzt, kann keine demokratische Gesellschaft das tolerieren – ebensowenig, wie sie der Koranschule öffentliche Unterstützung zukommen lassen kann. Das sind Grundsätze, die wir erklären müssen, und wir müssen, wo nötig, auch kritisieren können, ohne damit gleich rassistische Ressentiments zu bestärken. Um es überspitzt zu formulieren: Unser Verhältnis zu den Zuwanderern ist erst dann normal, wenn wir als selbstverständlich akzeptieren, daß es unter ihnen genauso viele Schurken gibt wie unter uns.

Aber das ist nur die eine Seite des Migrationsproblems. Auf der anderen stehen die erbärmlichen Lebensverhältnisse in vielen Regionen der Dritten Welt, stehen Diktaturen, die nicht selten von den Industriestaaten gestützt werden, stehen Krisen und Kriege, welche die Menschen aus ihrer Heimat vertreiben. Manche Ursachen der Fluchtbewegung haben wir selbst miterzeugt. Also sind wir verpflichtet zu einer Entwicklungspolitik, die sich ehrlich müht, diese Ursachen in den Heimatländern der Flüchtlinge zu beseitigen.

Man soll sich darüber aber keine Illusionen machen. Selbst wenn wir vom heutigen Tage an und erheblich massiver, als wir das finanziell zu leisten vermöchten, mit durchgreifenden Strukturhilfen in den entsprechenden Regionen anfingen – die Auswirkungen würden auf sich warten lassen, der Zuwanderungsdruck fürs erste keineswegs verringert. Das haben wir nach dem Fall der Mauer gesehen, und das gilt erst recht für Wanderungsbewegungen aus größeren Entfernungen.

Wir müssen heute feststellen, daß unser Jubel, als 1989 der Eiserne Vorhang fiel und die Vision eines offenen Europa vom Atlantik bis zum Ural in greifbare Nähe rückte, verklungen ist angesichts der Folgen jener offenen Grenzen und jener Reisefreiheit, die wir jahrzehntelang eingeklagt haben. Der Eiserne Vorhang hat uns offenbar nicht nur getrennt, er hat uns auf dieser, der westlichen Seite auch geschützt. Nur, selbst wenn man die Nostalgie verstehen könnte, mit der sich mancher die Mauer zurückwünscht und die feste Abschottung auf unserer Wohlstandsinsel: Es ginge nicht. Grenzen, die für Waren und Dienstleistungen offen sind, können nicht für Menschen geschlossen werden. Wir können unser soziales System nicht aufrechterhalten ohne Zuwanderung, und wir können nicht einerseits führende Exportnation sein, wenn wir uns von unseren Handelspartnern abschotten und ihnen gegenüber das »Deutschtum« aus der Mottenkiste holen.

Denn genau dort gehört es hin. Es waren die Nationalsozialisten, die als erste »Deutschstämmigkeit« zur bestimmenden Grundlage von Politik gemacht haben. Nirgends sonst in der Geschichte finden wir eine aktive Politik zum Schutz dieses Deutschtums vor »Überfremdung«. Preußen, der wohl deutscheste aller deutschen Staaten, hatte Ende des 18. Jahrhunderts mehr polnische als deutsche Einwohner. Das ur-deutsche Volkslied *Kein schöner' Land in dieser Zeit,* verfaßt hat es der Italiener Anton Florentino von Zuccamaglio, der sich später Wilhelm von Waldbröl nannte. Berlin, die deutsche Metropole, stieg zum kulturellen und wirtschaftlichen Zentrum mit Hilfe von Hugenotten auf, politischen Flüchtlingen aus Frankreich. Heute würde man sie Asylbewerber nennen. Unsere niederdeutsche Stadt Buxtehude, eben jenes Buxtehude, in dem 1992 der Kapitän Gustav Schneeclaus von Skinheads ermordet wurde, weil er Hitler einen »Verbrecher« genannt hatte, wurde von holländischen

Religionsflüchtlingen gegründet. Und ohne polnische Zuwanderer hätte es nie und nimmer ein Kohlerevier im Ruhrgebiet gegeben.

Wir brauchen keine neuen Mauern, wir brauchen eine neue Politik. Wir brauchen einen legalen Weg für Ausländer, in die Bundesrepublik einwandern zu können – ohne die Krükken einer deutschen Abstammung oder eines Asylantrags. Wir brauchen eine Kontrolle dieser Zuwanderung und eine Quotierung, die wir sozialverträglich festlegen müssen. Für die Zugewanderten aber brauchen wir die Gleichberechtigung. Die Unterstellung, die meisten, welche heute bei uns Asyl beantragen, zögen ein Leben von Sozialhilfe im Containerheim einem solchen mit Arbeitsplatz und Wahlrecht vor, ist nicht nur infam, sondern überall dort widerlegt, wo mit der Integration von Zuwanderern wirklich Ernst gemacht wurde.

Vor allem aber brauchen wir endlich eine Politik, die den Menschen in Deutschland die Notwendigkeit der Zuwanderung erklärt, statt schon wieder verräterische Wortklauberei zu betreiben. Wer, wie die CSU und viele Ewiggestrige bei der CDU, allenfalls über Zuwanderungs*begrenzungs*politik mit sich reden lassen will, der definiert die Zuwanderung als etwas Negatives, Bedrohliches. Der Weg von der *Be*grenzung zur *Aus*grenzung ist dann nicht mehr weit.

Aber dies ist eben nicht nur eine moralische Frage, sondern eine unserer wirtschaftlichen und sozialen Zukunft. Nebenbei auch eine der Zukunft unserer Gesellschaft in Europa. Diese Debatte, die durch die leidige Asyldiskussion so viel Schaden genommen hat, beginnt eben erst. Mit Sicherheit wird die Forderung nach einer humanen Zuwanderungspolitik Gegenstand jeder Koalitionsverhandlung sein müssen, an der die SPD in Zukunft teilnimmt.

Links für den Rechtsstaat

Zu den gröbsten Veränderungen im größer gewordenen Deutschland zählt ganz gewiß die Verschiebung des politischen Koordinatensystems. Zwischen 1989 und 1992 ist die sogenannte Mitte um einiges nach rechts gewandert – mit den denkwürdigsten Folgen. Nehmen wir die Asyl- und Zuwanderungsdebatte: Da tut sich der früher als durchaus aufgeklärter Unionspolitiker geltende Volker Rühe schamlos mit der Äußerung hervor, man dürfe freiwerdende Bundeswehrkasernen schon deshalb nicht zur menschenwürdigen Unterbringung von Flüchtlingen nutzen, »um den Druck in der Asyldiskussion aufrechtzuerhalten«. Wer bloß für Vernunft plädiert, wie dies erfreulicherweise Heiner Geißler oder Rita Süßmuth etwa in der Einbürgerungsfrage getan haben, sieht sich innerhalb der CDU mit Ausladungen und Ausschlußanträgen konfrontiert. Auf der anderen Seite findet der Münchener Oberbürgermeister Kronawitter, SPD, in seiner Post einen Aufnahmeantrag für die rechtsextremen Republikaner, weil er, der immer nur Politik für die »kleinen Leute« machen wollte, nach Auffassung Schönhubers »unsere Forderungen in der Asylproblematik voll übernommen« habe. Im verzweifelten Bestreben, sich von niemandem rechts überholen zu lassen, versteigen sich CSU-Politiker wie Stoiber zu Warnungen vor einer »durchraßten Gesellschaft« oder fordern »asylantenfreie Zonen« – dies ausgerechnet aus dem Munde des Staatssekretärs Riedl, der wenig später nichts dabei fand, die Schirmherrschaft über eine Jubiläumsfeier für Hitlers »Wunderwaffe« V 2 übernehmen zu wollen. Mit dem massiven Auftreten des Rechtsradikalismus auf unseren Straßen rückt die traditionelle Rechte gefährlich nah an den Rand des demokratischen Spektrums. In ihrem Gefolge, so scheint es, zieht die Politik insgesamt nach rechts.

Daß das, frei nach Asterix, nicht für »ganz Gallien«, nicht unumschränkt, gilt, zeigen andererseits die Erfolge von Reformbündnissen in Brandenburg, Hessen oder Niedersachsen; trotz rechtsradikaler Einbrüche auch in Bremen; die SPD-Wahlsiege in Schleswig-Holstein und Rheinland-Pfalz. Aber vor allem auf dem Gebiet der Innen- und Rechtspolitik läßt sich die Verschiebung des Meinungsgefüges nach rechts nicht wegdiskutieren.

Die Auseinandersetzungen um die Ausgestaltung des Rechtsstaats zeigen das deutlich. Eine Position, wie ich sie als überzeugter Anhänger des staatlichen Gewaltmonopols in den achtziger Jahren gegen die irrwitzige Unterscheidung zwischen »Gewalt gegen Menschen« und »Gewalt gegen Sachen« geäußert habe, galt seinerzeit sogar als eher rechts. Wenn ich heute mit derselben Verve das staatliche Gewaltmonopol, das Verbot von Vorverurteilung und Selbstjustiz einklage, die Bürgerrechte gegen rechtsstaatlich ganz und gar undenkbare Vorhaben wie das Abhören privater Wohnungen verteidige, stehe ich damit selbst in meiner eigenen Partei weit links. Journalisten und Politiker, die in der Debatte um die Stasi-Unterlagen auf der Unschuldsvermutung beharren, mußten erleben, wie daraus eine Schuldvermutung der Kumpanei mit den Stasi-Tätern wurde. Die Bundesjustizministerin wird gar zum »Sicherheitsrisiko«, weil sie auch im Kampf gegen organisierte Kriminalität den Ermittlungsbehörden nicht alles erlauben will. Klassisch liberale

Positionen gelten in der heutigen politischen Geographie als links.

Nicht, daß ich das als persönlichen Vorwurf empfände. Soweit denn in dieser sich so rapide wandelnden Welt die politische Sitzordnung überhaupt noch etwas bedeutet, war und bin ich gern ein Linker. Gewiß nicht in dem Sinne, Individualität zu unterdrücken; gewiß nicht im Sinne der Macht von Funktionären und Bürokraten – dies war auch zu Juso-Zeiten nie mein Begriff von linker Politik. Wenn aber Linkssein das Eintreten für soziale Gerechtigkeit bedeutet, für Minderheiten und für die Schwachen, für soziale und ökologische Reformen, für Solidarität und den Ausgleich zwischen arm und reich, Nord und Süd – dann bin ich überzeugter Linker. Und wenn es heißt, aufzubegehren gegen herrschende Verhältnisse, verordnetes Denken und selbstgerechte Autoritäten, dann bin ich links schon kraft meines Berufes als Strafverteidiger.

Aus der Praxis als Verteidiger aber habe ich sicher auch meine wichtigsten Erkenntnisse über die Unverzichtbarkeit des Rechtsstaats gewonnen: daß an ihm schon deshalb nicht gedeutelt werden darf, weil er im Zweifel das letzte Mittel des Schwachen gegen die Starken ist. Die Kongruenz zur Politik hat sich immer wieder hergestellt: Ich habe Mandanten verteidigt, die sich, der lächerlichen Mitgliedschaft in nicht verbotenen Parteien wegen, eines Berufsverbotes zu erwehren hatten, und eine der ersten Maßnahmen unserer Reformkoalition war die Abschaffung des von vornherein unsinnigen Radikalenerlasses.

Wenn man gesamtgesellschaftlich beobachten muß, wie in der zentralen Frage unserer Rechtsstaatlichkeit die politischen Gewichte verschoben werden, dann haben wir allen Grund, über Grundsätzliches nachzudenken. Eine Rolle spielt sicherlich, daß mit dem Zusammenbruch des realen Sozialismus die Linke, aus erklärlichen Gründen, ihre Meinungsführerschaft in vielen Themen verloren hat, und sprichwörtlich liberale Positionen damit unter erhöhten Druck von rechts geraten sind. Zweitens ist von Bedeutung, daß mit der deutschen Vereinigung auf dem Gebiet der früheren DDR rechtsstaatliches Neuland betreten worden ist. Und drittens hat sich im Zuge dieses Exports von Rechtsstaatlichkeit herausgestellt, daß der betreffende Exportartikel auch im Herkunftsland offenbar nicht allzu hoch im Kurs steht.

Das ist das Kardinalproblem. Wer kauft schon einen Volkswagen, wenn der Händler durchblicken läßt, er selber fahre lieber Opel? Es gibt da keine einfachen Erklärungsmuster. Aber zwei Momente sind meines Ermessens zumindest mitbestimmend dafür, daß sich in der Bundesrepublik alten Zuschnitts der Rechtsstaat zwar im großen und ganzen halten konnte, in der Gesellschaft aber eher kühl akzeptiert wurde; weshalb es heute so schwer erscheint, ihn zu verteidigen. Zum einen ist das die andauernde gesellschaftliche Feindbestimmung gegen den Kommunismus im Äußeren und die Linke im Inneren. Zum anderen der Tatbestand, daß Rechtsstaat und staatliches Gewaltmonopol im wesentlichen technische Begriffe geblieben sind, die sich gesellschaftlich zu wenig legitimiert haben.

Die großen rechtspolitischen Auseinandersetzungen in den westlichen Bundesländern, vom KPD-Verbot 1956 über die Notstandsgesetze 1968 und die Terroristengesetze von 1977 bis hin zur Frage, ob bloße Sitzblockaden wie in Mutlangen 1983 schon das Delikt der Nötigung erfüllen, sind zwischen der herrschenden Mehrheit und einer, großenteils außerparlamentarischen, linken Opposition geführt worden. Andere wesentliche Auseinandersetzungen um die Entwicklung des Rechtsstaates wie die Strafvollzugsreform oder die – noch immer umstrittene – Regelung des § 218 wurden von relevanten Gruppen konservativer Politiker und Juristen mit Ideologievorbehalt versehen, als sei Entwicklung hin zu mehr Liberalität und Selbstbestimmung schon bösartige Systemveränderung. Leider lassen sich die höchsten Gerichte von dieser Kritik nicht ausnehmen; bedenkt man nur, wie schwer sich der Bundesgerichtshof mit der Begrenzung von Vermieterwillkür getan hat und wie schnell er mit Urteilen bei der Hand war, die passiven und friedlichen Widerstand in die Nähe von Erpressungsdelikten gerückt haben. Bedenken wir, mit welch überzogenen und rechtsstaatlich fragwürdigen Mitteln, etwa der sogenannten Kronzeugenregelung oder dem Kontaktsperregesetz, der Kampf gegen den Terrorismus der RAF geführt worden ist. Gesinnungsdelikte wurden, wenn auch nur vorübergehend, in die Strafjustiz eingeführt; selbst das Sprühen von Graffiti inkriminierten Inhalts wurde als »Werben für eine terroristische Vereinigung« geahndet statt als schlichte Sachbeschädigung. Diese, nur aus der politischen Feindgrafik zu erklärende, Illiberalität von Rechtspolitik und Justiz hat im Laufe der Jahre nicht nur gesellschaftlichen Schaden angerichtet, sondern auch ein kritisches, intellektuelles Potential der Gesellschaft dem Rechtsstaat insgesamt entfremdet. Wo das Recht so häufig nur von rechts gestaltet wird, bilden sich Vorbehalte gerade bei den hochkommunikativen Schichten, ohne die der Rechtsstaat nicht zu verteidigen ist. Die anfangs der achtziger Jahre aufgekommene Parole autonomer Hausbesetzer: »Legal? Illegal? Scheißegal!« wurde durchaus auch bei aufgeklärten Mittelschichtlern goutiert, nicht nur, weil sie mit herbem Revoluzzertum kokettierten, sondern auch, weil sie

das Vertrauen in die Heilkräfte des Rechtsstaats verloren hatten.
Das ist der eine Grund, warum wir es heute, in der Auseinandersetzung mit dem neuen Rechtsextremismus, mit solch aberwitzigen Formeln der Aufrechnung zu tun bekommen, nach dem Muster: Was gegen die Linke recht war, kann gegen die Rechte nur billig sein. Angebote zur gesellschaftlichen Integration, an sich eines der Markenzeichen der Linken, vertragen sich nun einmal schlecht mit dem Knüppel, und man kann es wohl nur mit Verbitterung über vergangene politische Unbill erklären, wenn heute auch Linke oder Liberale fordern, gegenüber rechtsextrem aufgefallenen Tätern den Erziehungsgedanken im Jugendstrafrecht nicht mehr zur Anwendung kommen zu lassen. Andererseits werden nach wie vor die falschen Zeichen gesetzt. Indem Politik und Justiz den ausländerfeindlichen Gewalttätern allzu lange mit übergroßer Milde begegneten und, wie der Generalbundesanwalt, sich erst zum Einschreiten genötigt sahen, als der Ausländerhaß sozusagen mitten in den bürgerlichen Vierteln zuschlug, haben sie den Verdacht genährt, der Rechtsstaat sei in seinen Reaktionen politischer Konjunktur und Opportunität unterworfen. Das wäre nun das Gegenteil von seiner Bestimmung.
Ein zweites ist wohl die soziale Komponente. Kein Rechtssystem der Welt wird jemals mit dem Vorurteil aufräumen können, die Kleinen würden gehängt, und die Großen ließe man laufen. Zynisch formuliert: die Alternative ist das Kambodscha Pol Pots, in dem die Kleinen wie die Großen gehängt wurden. Aber darum geht es nicht; der Rechtsstaat ist nicht das Postulat absoluter und unfehlbarer Gerechtigkeit, sondern bloß eine Übereinkunft gegen das Gesetz des Dschungels. Vor dem Richter gibt es – erst recht in einer ka-

pitalistischen Gesellschaft, in welcher die Vermögenden sich auch die bessere Verteidigung leisten können – immer Privilegierte und weniger Privilegierte. Vor dem Richter*tisch* aber darf es sie nicht geben. Ohne die großen Verdienste vieler Tausender von Juristen schmälern zu wollen, müssen wir feststellen, daß das Recht des Schwächeren noch längst nicht den Stellenwert hat, der ihm im demokratischen Rechtsstaat gebührt. Sicher sind im Arbeitsrecht deutliche Fortschritte erzielt worden, auch im Mietrecht. Aber mit der Ungleichbehandlung von Serienstraftätern, die sich bloß darin unterscheiden, ob sie die Eigentumsdelikte regelmäßig von oben, also vom Standpunkt des Besitzenden aus, verüben oder von unten, von dem der Besitzlosen, ist es noch längst nicht vorbei. Es geht hier keineswegs um den, in populistischen Argumentationen gern hochgekochten Unmut über den vorbestraften Vorsitzenden einer demokratischen Partei. Ich wünschte mir nur, daß die Gesellschaft insgesamt der oder dem straffällig gewordenen ähnliche Integrationschancen böte wie dem Grafen Lambsdorff. Für den Augenblick ist zu konstatieren, daß der Rechtsstaat durchaus immer noch auf soziale Vorbehalte trifft.
Man kann auf einen Pott voll gärender sozialer Probleme nicht einfach den Deckel des staatlichen Gewaltmonopols stülpen – dies ist der andere wesentliche Punkt. Ebensowenig kann man den Rechtsstaat als einen Gerichts- oder Regelungsstaat mißverstehen. Die Gesellschaft braucht alles andere als einen Staat, der alles und jedes mit Vorschriften und Gesetzen gängelt. Das war zwar lange Zeit auch die Position der Sozialdemokratie, aber die Prämissen haben sich geändert. Der Rechtsstaat ist heute nur mehr das letzte, nicht mehr das einzige Mittel des Schwächeren, und in den konsensorientierten Gesellschaften der Zukunft darf auch der

Stärkere nicht fortwährend mit dem Knüppel des Gesetzes an seine sozialen Verpflichtungen erinnert werden müssen. Aus dieser Erkenntnis ergeben sich Konsequenzen für die Bedeutung des rein formalen Rechts. Im Strafrecht, vor allem bei den sogenannten Bagatelldelikten, wissen wir längst, daß ein kräftiger Anraunzer durch einen Streifenbeamten oft dem Rechtsfrieden mehr dient als die Beschäftigung von Staatsanwalt, Richter und Verteidiger bei einem Ladendiebstahl und erbeuteten Waren im Wert von drei Mark fünfzig. Jedenfalls gilt das für Ersttäter. Und wenn heute über die allfällige Überlastung der Justiz gestöhnt wird, sollte man vielleicht einmal die Statistiken zu Rate ziehen, wieviele solcher Bagatellfälle noch immer vor Gericht landen – das gilt übrigens für die Straf- wie für die zivile Justiz, die dank des eigentlich sehr sinnvollen Instituts der Rechtsschutzversicherungen überfrachtet wird mit Alltagskonflikten wie bellenden Hunden, welche eine zivile Gesellschaft auch anders zu lösen imstande sein müßte.
Der Staat, der nach dem Gewaltmonopol als einziger das Recht hat, Gewalt einzusetzen, übernimmt damit auch eine Pflicht zur Zurückhaltung. Er muß nachgeben können, wenn das zur Deeskalation beiträgt – erstaunlicherweise werden solche Gedanken inzwischen vor allem dann ins Feld geführt, wenn aus der Zurückhaltung, wie in Rostock, erst die Eskalation entstanden ist. Der Staat muß bereit sein, auf die Durchsetzung staatlicher Ansprüche dann zu verzichten, wenn dies zur Befriedung beiträgt. Wir haben das in Papenburg vorgemacht, wo wir natürlich einen Rechtstitel gehabt hätten zur Räumung des besetzten Geländes. Aber wir waren und sind überzeugt, daß angesichts einiger Jugendlicher, die sich widerrechtlich, aber subjektiv moralisch durchaus berechtigt, auf einem fremden Stück Land aufhal-

ten, Diskussionsbereitschaft gefordert ist statt Mobiler Einsatzkommandos der Polizei. Über die Maßen häufig hat in der Vergangenheit die Politik die Polizei vorgeschickt zum Durchsetzen unpopulärer Entscheidungen – ob in Brokdorf, Gorleben oder an der Startbahn West. Die Polizisten haben sich dann auch mit recht beklagt, daß sie nicht die Watschenmänner spielen wollen für eine Politik, die offenbar nicht auf Konsens beruht. In diesen und vergleichbaren Fällen hatte der Konflikt oft mit einem Zeitverzug zu tun, der sich zwischen der Planung und formaljuristischen Genehmigung eines Vorhabens einerseits und seiner Umsetzung andererseits ergab. Denken wir an die Atomenergie: Als die ersten Beschlüsse für die Nutzung dieser Energiequelle politisch ergingen, konnte von der massiven, wie wir inzwischen wissen: fundierten Kritik noch kaum eine Rede sein. Bis die Baumaßnahmen etwa in Grohnde oder Gorleben begannen, hatte sich aber das gesellschaftliche Klima verändert, die notwendige Übereinkunft existierte nicht mehr. Ähnliches gilt für die Nachrüstungsdebatte der frühen achtziger Jahre: Als der sogenannte Doppelbeschluß gefaßt wurde, reichte vielleicht nicht einmal das gesellschaftliche Interesse für eine breite Debatte. Als die Raketen im Herbst 1983 jedoch stationiert werden sollten, hatten wir in der Bevölkerung solide Mehrheiten gegen die Aufstellung dieser Waffen. In solchen Fällen das Gewaltmonopol unter Berufung auf früher einmal demokratisch zustande gekommene Gesetze durchsetzen zu wollen, ist nur nach einem sehr formalistischen Verständnis von Demokratie möglich. Man kann nicht mit einem politischen Konsens von gestern auf die neuen Mehrheiten von heute einprügeln. Allzu lange aber hat der Rechtsstaat dieses Bedürfnis nach einem Konsens in der Gesellschaft geleugnet. Wenn in einem solchen Streit erst die Gerichte angerufen werden müssen, ist das ein sicheres Zeichen dafür, daß der politische Diskurs nicht hinreichend erfolgreich war. Der demokratische Rechtsstaat aber ist gewissermaßen das letzte Instrument des gesellschaftlichen Diskurses und daher um so mehr auf die allgemeine Akzeptanz angewiesen. Mit einer bloßen Law-and-Order-Politik läßt sich gesellschaftlicher Fortschritt so wenig erreichen wie das Waldsterben verhindern.

Gerade das macht die Problematik in der ehemaligen DDR so brisant. Hier ist die Abwesenheit eines gesellschaftlichen Konsens augenfällig, die Gewöhnung an obrigkeitsstaatliche Methoden ausgeprägt, mithin auch das Mißtrauen gegen sie. Das wahrhaft unselige Zitat der Bürgerrechtlerin Bärbel Bohley: »Wir haben Gerechtigkeit gewollt und den Rechtsstaat bekommen« hat viel Beifall bekommen, vielleicht den stärksten von der ganz falschen Seite.

In einer so lange unterdrückten, derart zerrissenen und inzwischen ihrer Geschichte weitgehend beraubten Gesellschaft tönen auch die Rufe nach dem Staat besonders laut – ob er nun den Landschaftsschutz, den Aufschwung, das soziale Fortkommen oder die Vergangenheitsbewältigung richten soll. Der Wunsch nach Gerechtigkeit, dort so verständlich wie kaum irgendwo sonst, wird überklungen von falschen Tönen. Tönen nach Selbstjustiz und einem radikalen Aufräumen mit den sogenannten roten Socken einerseits. Tönen, die eher aus dem Westen kommen, andererseits: die fügen sich zu einer Melodie, mangelnde Vergangenheitsbewältigung in der alten Bundesrepublik nun endlich wettmachen zu wollen. Man singt nicht im Chor, sondern sucht die schrillsten Töne der Enthüllung, und in diesem schrägen Konzert kommt es einem manchmal so vor, als sei es für die eine oder andere Pressestimme nachgerade eine Frage der Ehre, mit möglichst lautem und intensivem Gesang das noch so hartnäckig leugnende Opfer zu Fall bringen zu können.

Keine Frage, das Gesetz über die Zugänglichkeit der Stasi-Unterlagen ist richtig und nötig gewesen. Man mag es wünschenswert finden, wenn solche Offenheit auch bezüglich der Akten des ehemals westdeutschen Verfassungsschutzes herrschte – vergleichbar werden die beiden Geheimdienste damit noch längst nicht. Das Stasi-Gesetz ist auch eine Lehre aus den Versäumnissen bei der Diskussion in der Bundesrepublik der Nachkriegszeit: Wie hatte es zur nationalsozialistischen Gewaltherrschaft überhaupt erst kommen können? Ohne nun, wie es mitunter wohlfeil ist, Nazi- und Stasizeit gleichsetzen zu wollen – den Unterschied machen eben nicht zuletzt sechs Millionen ermordeter Juden aus: Es gehört zu den Lehren aus der, auch der bundesrepublikanischen Geschichte, daß jemand, der für ein diktatorisches Regime Spitzel- und Denunziationsdienste geleistet hat, nicht geeignet sein kann für Polizei- oder gar Verfassungsschutzaufgaben im demokratischen Staat. Richter, welche namens und im Auftrag der Einheitspartei politische Vorgaben durchsetzten statt Recht zu sprechen, sind kaum tauglich für den Dienst in einer demokratischen Justiz.

Ich denke jedoch, daß die Diskutanten aus dem Westen gut daran täten, sich bei der Enttarnung mutmaßlicher Kollaborateure zurückzuhalten. Ich war mehr als einmal Besucher der DDR, und manchmal waren damit auch Gespräche auf der sogenannten allerhöchsten Ebene verbunden. Man muß sich nicht damit rechtfertigen, daß auch Franz Josef Strauß solche Unterredungen geführt hat – wir wir inzwischen wissen, war dabei im wörtlichen Sinne durchaus

»Fleisch in der Suppe«. Schließlich konnte lange, lange Zeit über niemand, der auf seinen politischen Verstand hielt, ernsthaft von der nahen Möglichkeit einer deutschen Vereinigung ausgehen. Es galt also, zumindest den sprichwörtlichen Gesprächsfaden nicht abreißen zu lassen. Wer deshalb heute den Stab über diejenigen bricht, die das im Innern der DDR getan haben, setzt sich dem Verdacht der Scheinheiligkeit aus.

Das ist das eine. Es gibt aber noch einen ganz anderen Gedankengang, der für mich sehr heilsam war und es vielleicht auch für andere, im Westen Sozialisierte sein könnte. Gesetzt den Fall, sage ich mir, du könntest eben nicht wählen zwischen Mittun oder Opponieren, sondern die Entscheidung zum Widerstand wäre schon eine heroische, meist mit Gefängnis oder Ausweisung bestrafte Tat. Was hättest du dann getan? Mehr noch: Gesetzt den Fall, du wärst in der DDR geboren. Kannst du sicher sein, daß du wenigstens in einer Mittlerrolle aufgegangen wärst, wie sie Manfred Stolpe wohl gespielt hat?

Wenn ich mir diese Frage im Hinblick auf meine Biographie stelle, vergeht schnell jede Arroganz. Ich hatte keinerlei Koordinaten für den Widerstand – weder komme ich aus einer sozialdemokratischen noch aus einer christlich geprägten Familie. Ich wollte nach oben, und wie die Dinge lagen, wäre das in der DDR wohl nur über die FDJ möglich gewesen. Ich *hoffe*, mein Widerspruchsgeist hätte ausgereicht, mich da nicht allzu fest einbinden zu lassen; ich hoffe, ich wäre wenigstens den Stolpeschen Weg gegangen – sicher bin ich mir nicht. Die Kriterien zur Kritik an der DDR und ihrem Unterdrückungssystem habe ich im Rechtsstaat entwickelt – darf man sie so ohne weiteres auf Menschen anlegen, die den Rechtsstaat nicht einmal aus Büchern kannten? Das soll nun keine Rechtfertigung der Untaten sein, die in der DDR verübt wurden. Wer schuldig geworden ist, muß sich der Strafverfolgung stellen, und schuldig kann nicht in jedem Fall nur heißen, daß einer gegen DDR-Recht verstoßen hat. Der Satz *nulla poena sine lege* beschreibt einen hehren rechtsstaatlichen Grundsatz. Aber es gibt konkurrierende Prinzipien wie die allgemeinen Menschenrechte. Ein Beispiel ist die Anwendung der Folter, selbst da, wo sie staatlich geduldet oder gar erlaubt ist: Auch der Einfältigste kann sich nicht darauf zurückziehen, er habe das nicht als Unrecht begreifen können. In diesem Sinne muß, nach strenger Einzelfallprüfung, auch das Problem der Mauerschützen angegangen werden, wo insbesondere beim Strafmaß eine Reihe von mildernden Umständen zu berücksichtigen sind: Die Situation in der DDR, die Jugend der Angeklagten, der Umstand, daß auch aus dem Westen außer Sonntagsreden nichts zur Überwindung der Mauer getan wurde.

Das entscheidende aber ist, daß es keine Ausnahmeverfahren geben darf, weil wir ein, verständliches, Rachebedürfnis befriedigen wollen. Der Rechtsstaat beweist sich gerade daran, daß seine Regeln auch für seine Feinde gelten. Ich habe es deshalb begrüßt, daß Otto Schily den ehemaligen Oberbürgermeister Berghofer im Wahlfälschungsprozeß vertreten hat, obwohl das auch bei manchen Parteifreunden im Osten als schmerzlich empfunden wurde. Es war aber eine wichtige Demonstration des Grundsatzes, daß die rechtsstaatlichen Garantien für jedermann gelten, daß also auch jemand, der Teil eines Unrechtsregimes war, das Recht hat, einen so hervorragenden Verteidiger wie Otto Schily zu bekommen.

Es zeigt dies aber auch und erst recht, wie notwendig eine *politische* Debatte um die Vergangenheit der DDR ist. Nichts

soll abgezweigt werden von dem hohen Respekt, den wir Bürgerrechtlern wie Bärbel Bohley, Konrad Weiß, Ingrid Köppe, Vera Wollenberger, Jens Reich und all den anderen entgegenbringen. Die SPD muß auch eingestehen, daß sie diesen Oppositionellen gegenüber zu lange zurückhaltend agiert hat. Aber die Debatte um Manfred Stolpe zeigt auch, daß hier eine politische Dimension abhanden gekommen ist: Niemand hat ihm vorgeworfen, Agent gewesen zu sein, der anderen wissentlich oder mit Absicht Schaden zugefügt hat. Es geht um die Frage, wie weit sich einer mit der damals herrschenden Macht, und sei es zum Besten, einlassen durfte. Auf diese Frage gibt es keine gültigen Antworten. Ganz gewiß durfte er sich hernach in Brandenburg zur Wahl stellen – der demokratische Rechtsstaat kennt keine nur teilweise Teilhabe am politischen Leben. Entscheiden müssen dann die Wähler. Mich überrascht der Eifer, in Vorwegnahme einer politischen Debatte gerade den brandenburgischen Ministerpräsidenten aus dem Amt entfernen zu wollen. Mag sein, wie manche journalistisch Verantwortlichen bei jeder Gelegenheit beteuern, daß die allgemein gültige Unschuldsvermutung nur vor Gericht von Belang ist. Ich bezweifle das, würde aber natürlich niemanden deswegen in seiner Meinungsfreiheit einschränken wollen.
Denn der Rechtsstaat, der ja nur Annäherung an das Recht sein kann, ist vor allem eine kulturelle Errungenschaft. Er funktioniert nicht ohne demokratischen Unterbau, ohne den demokratischen Konsens und ohne die Einbeziehung auch kritisch Denkender in den Entscheidungsprozeß. Als bloß formales Institut kann der Rechtsstaat keine Identität stiften, er bedarf der kulturellen Identität.

Hiltrud, die Künste & ich

Kulturpolitik ist eine der leichtesten Übungen. Einerseits bewegt sich in der Kunst ohnehin nichts durch die Politik, sondern allenfalls gegen sie. Heiner Müller, der gewiß kein Freund der Diktatur ist, hat sogar gesagt, die Demokratie sei für die Künste eher schädlich. Es ist ja auch so – die Werke von Shakespeare, Leonardo da Vinci und Heine sind nicht in Demokratien entstanden, aber was wäre die Demokratie ohne sie! Kreativität entsteht nicht aus staatlicher Förderung, sondern aus individuellem Genius und gesellschaftlicher Gärung. Dennoch hält die Politik sich ihr bißchen Kunst, sozusagen bei Hofe: Die Konservativen sind dann eher für die Oper zuständig, und die Sozialdemokraten für Kleinkunst und die Stadtteilfeste. Und wenn die öffentlichen Kassen leer sind, spart man bei der Kultur. Wer will schon einen Museumsneubau statt benötigter Kindergartenplätze?

Weil die Welt aber nicht so einfach ist, wie Klein-Mäxchen sie sich vorstellt (obwohl hie und da leider immer noch nach solcher Maxime verfahren wird ...), haben wir es bei der Kulturpolitik mit einem der vertracktesten Felder von Politik überhaupt zu tun. Vielleicht kann die Kunst sogar ohne die Politik – von der scheidet sie vor allem unser Zwang zum Pragmatismus. Aber wir können nicht ohne die Kunst – ihre Visionen, ihren Mut und die Spiegelbilder, welche sie uns oft gerade da liefert, wo sie scheinbar unorthodox, auf den ersten Blick gar nicht schön daherkommt. Also braucht die

Gesellschaft, und mehr noch die Politik die Künste, aber man kann sie nicht fördern, wie man einen innovativen Wirtschaftszweig fördern kann. Das »Subventionstheater« ist nachgerade zum Schimpfwort geworden, und vom »Staatskünstler« haben insbesondere die Menschen aus der ehemaligen DDR mit recht die Nase gestrichen voll. Wo die Politik sich für das Unbequeme in der Kunst einsetzt, stößt sie noch immer allzu oft an die Grenzen von Engstirnigkeit und Spießertum. Inzwischen hat bei uns jede zweite Gemeinde ihren Skandal um diese oder jene »Rostplastik« – womit gar nichts über den künstlerischen Wert der einen oder anderen Skulptur gesagt ist und schon gar nicht gesagt werden soll. Im Gegenteil: Die Politik muß sich bei der Bewertung von Kunst allergrößte Zurückhaltung auferlegen. Ich interessiere mich für bildende Kunst, habe es auf Teilgebieten auch zu gewisser Kennerschaft gebracht und maße mir sogar gelegentlich eine Ausstellungseröffnung nebst Rede an. Das darf man nicht mißverstehen als offizielle Äußerung eines Kulturpolitikers, der etwa die Malerei dem Theater vorzöge.

Es läßt sich aber die Politik von Personen so wenig trennen wie die Kunst von den Künstlern. Nietzsche hat das zwar im Fall Richard Wagners empfohlen, aber wir sehen schon an der bis heute andauernden Weigerung israelischer Orchester, Wagner zu spielen, daß das so einfach nicht ist. Die Künste prägen ihr gesellschaftliches Umfeld so sehr, wie sie deren Produkt sind.

Persönliche Vorlieben und Abneigungen bestimmen also doch in gewissem Maße jede offiziöse Kulturpolitik. Ohne die Bekanntschaft, ja: Freundschaft einiger Künstler wäre ich nicht der, der ich bin. Das gilt für den Bürger Schröder, nicht aber für den Politiker. Andererseits: Wenn der Bürger

Schröder sich zur Wahl stellt und auch gewählt wird, dann ist er keine Strohpuppe, die, einmal im Amt, nur noch Programm ist und gar nicht mehr Person. Wir sehen, es geht um vertrackte Zusammenhänge, die, was den Ministerpräsidenten Schröder und die Person Gerhard angeht, noch zu behandeln sein werden.

Im Gesamtzusammenhang ist es noch schwerer. Wir wissen um die Bedeutung der Kultur als wesentlichem Faktor, der Identität stiften kann. Ohne kulturelle Weitsicht, Offenheit ist das Leben in unserer grenzenlos komplizierten Welt überhaupt nicht denkbar. Wir setzen uns für kulturelle Identitäten ein, wo die nationalstaatlichen – schon um des gemeinsamen Überlebens willen – zurückstehen sollten. Und seit wir wissen, daß die Ressourcen unserer Natur endlich sind, die Menschheit aber im Begriff ist, ihre eigene Lebensgrundlage zu zerstören, hat sich auch unser Kulturbegriff gehörig verändert: Nicht mehr bloß die dargestellten oder aufgeführten, gewissermaßen klassischen Künste gehören dazu; Kultur ist inzwischen ein Synonym für unser – reflektiertes – Verhältnis zur Welt.

Deshalb muß Kulturpolitik da, wo sie nur in den engen Grenzen eines Kabinettsressorts definiert ist, notwendig scheitern. Das ist keine Herabwürdigung der in diesen Ressorts tätigen Frauen und Männer; es geht ihnen nicht anders als den Verantwortlichen für die Umwelt- oder Frauenpolitik: Ohne Querschnittdenken geht auch in der Kulturpolitik nichts.

So, um ein Modewort zu gebrauchen: ganzheitlich sind wir auch das auf den ersten Blick gigantomanisch erscheinende Projekt der Weltausstellung »Expo 2000« in der Landeshauptstadt Hannover angegangen. Wir haben das nicht angeleiert. Ursprünglich, von einer CDU/FDP-Regierung

initiiert, wurde die Expo in der Anfangsphase als Geheimsache geplant. Die Ansichten, Hoffnungen und Ängste der Bevölkerung interessierten nicht.
Unsere Vorstellung von der Weltausstellung – für die Hannover den Zuschlag vom Weltverband ja bereits erhalten hat – war von Beginn an, mit dieser Veranstaltung ein neues, umfassenderes Kulturverständnis zu demonstrieren. »Mensch, Natur, Technik« heißt das Motto, unter dem sich die Reformkoalition in Niedersachsen an ein völlig neues Konzept gemacht hat. Nach unserem Willen soll es nicht um eine weitere Modenschau des technischen Schnickschnack gehen und auch nicht um bloß noch mehr Rummel – Hannover ist schließlich Ausrichtungsort der größten Industriemesse, wie auch des größten Schützenfestes der Welt. Wir haben die »Expo« geplant als, salopp formuliert: Jahrmarkt der Möglichkeiten und Arena für den Kampf um die Zukunft. Eine »One-World-City« soll Hannover werden, ein Themenpark, der das Vergnügen von Disneyland mit dem Nachdenken über heute und morgen verbindet. Weniger pathetisch gesagt: Ein Heidenspaß, weil es auch vergnüglich sein können muß, die Zukunft zu gestalten.
Die Grünen, jedenfalls jene im Stadtrat der Landeshauptstadt, hat auch dieses Konzept nicht von ihren grundsätzlichen Vorbehalten gegen eine weitere Großveranstaltung im ohnehin überlasteten Hannover abbringen können. Und die Zweifler waren nicht nur grüne Politiker, sondern auch eine Vielzahl von Wählern anderer Parteien. Hatten wir uns womöglich zu viel vorgenommen? Hatten die Bürger der Messestadt nicht ein Recht darauf, ihre eigene Zukunft mal unbehelligt von der Weltöffentlichkeit planen zu können? An die Bürger hatten CDU und FDP keinen Augenblick lang gedacht; sie haben es sogar hingenommen, daß wir das

Leitmotiv von einer Wachstumsschau zu einer kritischen, sagen wir ruhig: gesamtkulturellen Veranstaltung veränderten. Das Motto der früheren Regierungskoalition hieß nur: Die Expo machen, um jeden Preis.

Es kam dann etwas anders. Im Rat der Stadt Hannover, vielmehr: innerhalb der dort regierenden rot-grünen Koalition konnte eine Einigung nicht erzielt werden. Den hannoverschen Grünen war die ganze Veranstaltung zu gigantisch, sie fürchteten negative Eingriffe in die Verkehrspolitik und eine weitere Beeinträchtigung des ökologischen Gleichgewichts in der Stadt. Da durch Umfragen und öffentliche Veranstaltungen deutlich geworden war, daß nicht nur die Grünen so dachten, entschloß sich die Stadt zu einer Bürgerbefragung per Postkarte. Ich gebe zu, ich stand dieser Aktion skeptisch gegenüber. Das Projekt Expo 2000 war entschieden, eine Postkartenaktion verfassungsrechtlich unerheblich, und im Fall einer mehrheitlichen Ablehnung hätte man sich unlösbarer Legitimationsprobleme ausgesetzt, weil die Mehrheit der Postkartenschreiber ja keineswegs repräsentativ sein mußte. Die Sache ging aber anders aus: Die Bürger der Stadt Hannover nahmen die Einladung bereitwillig an; die Postkartenbefragung erreichte mit über 60% eine Beteiligung, die an die zur Kommunalwahl heranreichte. Das Ergebnis *für* die Expo war denkbar knapp: 51,5 gegen 48,5 Prozent.

Ich habe daraus dreierlei gelernt. Das erste betrifft die Beteiligung. Wir erleben in letzter Zeit immer häufiger, daß Großprojekte solcher Art herhalten müssen für alle möglichen Ängste. Insofern ist die hannoversche Expo-Abstimmung vielleicht sogar vergleichbar dem dänischen Nein und dem französischen Ja zu Maastricht. Die hohe Beteiligung der Hannoveraner an dieser Befragung relativiert die überall zu hörenden Klagen über die Verdrossenheit an der Politik. Als Jurist und Politiker teile ich durchaus die Zweifel vieler Verfassungsrechtler an der sogenannten plebiszitären Demokratie. Sehe ich mir das Ergebnis dieser Befragung an, muß ich viele dieser Zweifel zurückverweisen an die Erstinstanz. Man muß nicht etwa die Demokratie vor dem Volk schützen, sondern allenfalls das Volk vor undemokratischer Politik. Über »Weimar« zu reden, ist Mode geworden, und man ist sich inzwischen ziemlich einig, daß »Weimar nicht Bonn« sei. Sehr gut. Gewiß ist Weimar jedoch nicht am Verfassungsinstitut der Volksentscheide zugrunde gegangen. Sondern eher daran, daß die Demokratie hilflos war im Angesicht von Depression, unkooperativer Wirtschaft und brutaler Gewalt; daran auch, daß die Linke buchstäblich bis aufs Messer zerstritten und die Rechte den Nazis gegenüber nicht einmal mehr formulierungsfähig war; schließlich daran, daß es zwar *Volks*entscheide gab, aber, seinerzeit kaum anders denkbar, nur *Klassen*politik. Hannover war ein guter Beweis dafür, daß Demokratie sehr wohl plebiszitär sein kann, ohne populistisch oder gar totalitär zu werden.

Zweitens kam in der Bürgerbefragung etwas zum Ausdruck, das gemeinhin belächelt wird; insbesondere, wenn wir von Kultur sprechen: Provinzialität. Das ist im politischen Diskurs fast schon gleichbedeutend mit »Hinterwäldlerei«. So was mag niemand. Aber: Wie können wir das »Europa der Regionen« propagieren und uns wundern, wenn es stattfindet? Wir wollen dezentral leben, aber wir schielen nach dem kulturellen Glanz, der nur bei Hofe – ob in Versailles, Wien oder St. Petersburg – entstehen konnte. Wir sind stolz auf unsere Provinzen, und zugleich verachten wir sie. Daß das nicht so sein muß, war auch ein Ergebnis der Expo-Befragung: Die Bürger haben sich außerordentlich engagiert in

einer Frage, die das Verhältnis ihrer Region zum Rest der Welt betrifft. Sie haben sich, im besten Sinne, dezentral verhalten und sich ihre eigene Meinung gebildet. Es ist eine weithin gepflegte Unsitte, stattgehabte Abstimmungen hinterher zu interpretieren. Ich erlaube mir deshalb nur die Anmerkung, daß die Hannoveraner stolz sein dürfen auf ihren Provinzialismus – sie haben sich nicht einfach verführen lassen durch den Größenwahn einer weiteren Riesenveranstaltung. Noch stolzer aber mögen sie sein auf die erzielte Mehrheit: Gerade in einer Stadt, deren Ruf sich international darauf gründet, daß hier jedes Jahr die Möglichkeiten des industriell Machbaren ausgelotet werden, wollte eine Mehrheit dann doch der Idee folgen, eine Ausstellung zu machen, in deren Mittelpunkt das Spannungsverhältnis zwischen Mensch, Natur und Technik steht.
Und jene, die dagegen waren: Das sind ja keineswegs Menschen, deren Ängste man geringschätzen dürfte. Das sind berechtigte Ängste um die Umwelt und die Lebensqualität, die gerade eine rot-grüne Landesregierung verstehen und, wenn möglich, beantworten muß. Abgesehen davon, daß wir die Expo nicht machen können ohne Beteiligung des Bundes, der die Bewerbung Hannovers anfänglich ja durchaus unterstützt hat – auf keinen Fall werden wir sie machen gegen die große Minderheit, welche bei der Befragung mit Nein gestimmt hat.
Das ist nicht nur eine Sache des Demokratieverständnisses. Hier geht es, wenn man so will, um die Kultur der Politik, früher hat man dafür das schöne Wort »Staatskunst« gebraucht. Denn es kommt weniger darauf an, daß die Politik das eine oder andere für die Kultur tut – das muß sie selbstverständlich, und sie darf das auch nicht nur bei der Unterstützung von Opernhäusern tun, sondern muß selbstverständlich,

wo nötig, auch die Rockmusik fördern. Wichtiger aber ist, daß die Politik selbst kultiviert sein muß – im Umgang mit den Menschen, für die und mit denen sie gemacht wird; im Umgang auch und gerade mit politisch Andersdenkenden; ebenso jedoch in ihrem Selbstverständnis.

Wir brauchen keine Politiker, die bloß gut funktionieren, sondern solche, die sich der Gefahren ihres Jobs bewußt sind. Selbstgerechtigkeit gehört zu diesen Risiken, die Beförderung der eigenen Eitelkeit, die Neigung, angesichts oft überlanger Arbeitstage auch mal alle fünfe gerade sein zu lassen, und natürlich die Gefahr des Abhebens von den Alltagsproblemen der Menschen. Ein Fall wie der Fauxpas von George Bush im amerikanischen Präsidentschaftswahlkampf wäre wohl auch bei uns denkbar, als Bush bei einem Besuch im Supermarkt die seit Jahren üblichen Strichcodeleser an den Kassen als technische Neuerung pries und damit zu erkennen gab, daß er seit langer, langer Zeit nicht mehr selbst einkaufen war.

Vielleicht noch mehr als alle anderen Menschen brauchen Politiker den Widerspruch und sie brauchen Freunde, vor allem solche, die nicht selbst in der Politik sind. Der Umgang mit Künstlern ist mir auch deshalb wichtig, weil das in aller Regel aufmüpfige Geister sind.

Hauptsächlich habe ich selber aber riesiges Glück gehabt. Dieses Glück heißt Hiltrud Schröder und ist meine Ehefrau. Ich will hier gar nicht in die ewige und oft heuchlerische Litanei einfallen von der aufopferungsvollen Frau und Mutter, die den sich im Amt abrackernden Familienvater seltener zu Gesicht bekommt, als für beide gut ist. Was meine Frau so unersetzbar macht ist ihre Art, mich ständig zu fordern, so etwas wie mein politisches Gewissen zu sein. Dabei sind wir des öfteren unterschiedlicher Meinung; Hiltrud, die politi-

sche Wissenschaften studiert hat und seit Jahren Mitglied der SPD ist, vertritt in vielen Fragen Standpunkte, die ich als eher links von den meinen bezeichnen würde. Sie nimmt mich in die Pflicht, meine Handlungen immer wieder einer Rechtfertigung zu unterziehen. Politischen Unterschleif ließe sie mir nicht durchgehen; ich wüßte nicht, wie ich ohne diese ständige, liebevolle Auseinandersetzung in meinem Job bestehen sollte.
Die »Landesmutter«, die den heimischen Herd befeuert und sich möglichst öffentlichkeitswirksam um die eine oder andere Wohltätigkeitsveranstaltung kümmert, ist Hiltrud gewiß nicht. Aber indem sie sich aktiv einmischt, entspricht sie viel eher einem modernen Bild von Frauen in der Politik. Den Einwand dagegen kennen wir ebenfalls; gelegentlich wird er sogar aus der eigenen Partei erhoben: Meine Frau strebe gewissermaßen die Rolle einer »heimlichen Ministerpräsidentin« an. Ich habe den starken Verdacht, daß hinter dieser Kritik in Wahrheit doch nur das alte, patriarchalische Rollenverständnis steckt.
Sicher, Hiltrud Schröder ist nicht vom Volk gewählt worden. Aber den Mann, den man gewählt hat, will man doch wohl so haben, wie er ist – und das wäre er nicht ohne Engagement und Widerspruchsgeist seiner Frau.

Geldsorgen – oder:
Im Osten nichts Altes

Vom Geld war bisher noch kaum die Rede, aber um das Thema kann man sich schlecht drücken. Einmal, weil sich Reformpolitik ohne Geld nicht verwirklichen läßt. Zweitens, weil Geldmangel stets die beliebteste Ausrede ist, auf Reformen zu verzichten. Drittens, weil die ungeheuren Aufgaben im Zusammenhang mit der Integration der ostdeutschen Bundesländer uns die größte finanzielle Anstrengung der Nachkriegszeit abverlangen. Schließlich, weil wir eine aktive Friedens- und Entwicklungspolitik betreiben müssen und dafür allein in Europa beachtliche Geldmittel nötig sind. Wir brauchen also Geld, und darüber verfügt nicht einmal die reiche Bundesrepublik in den gewünschten, enormen Mengen. Folglich brauchen wir noch einiges mehr: Geduld jedenfalls, Gerechtigkeit bei der Verteilung der Lasten und, nicht zuletzt, Ehrlichkeit. Um es gleich vorwegzunehmen: Bei realistischer Betrachtung kann man nur zu dem Schluß kommen, daß es mit der Herstellung gleicher Lebensverhältnisse in Ost- und Westdeutschland noch sehr viel länger dauern wird, als die meisten Politiker, auch meiner Partei, bislang zuzugeben bereit sind.
Es ist ja auch einfacher, allen das Blaue vom Himmel zu versprechen und so zu handeln, als könne nach uns getrost die Sintflut kommen. Auf diese Formel muß man wohl die Politik der Bundesregierung bringen, welche die Staatsverschuldung in beispiellose Höhen getrieben hat und seitdem auf ein Wunder hofft. Statt dessen trat indes die logische Folge

solcher Mißwirtschaft ein: ebenso beispiellos hohe Zinssätze mit den bekannten Auswirkungen auf die Geldmärkte in Deutschland und Europa. Geldpolitisch hat man unsere europäischen Partner kräftig für die deutsche Einheit bezahlen lassen.
In der Frage, wer im Inland zur Kasse gebeten werden soll, um die Löcher zu stopfen, sind Kohl und Waigel auf einen bemerkenswerten Doppelbeschluß verfallen: Belastung der sozial Schwächeren bei gleichzeitiger finanzieller Austrocknung der Bundesländer. Das ist schon ein besonderer Streich. Machen wir uns nichts vor: Es gibt derzeit und in absehbarer Zukunft keine großen Verteilungsspielräume; es müssen sogar gewisse Einschnitte gemacht werden. Die Kürzung der Sozialhilfeleistungen an Asylbewerber haben auch wir gewollt, und dies gewiß nicht aus rassistischer Geringschätzung den Flüchtlingen gegenüber – wir können die Milliardensummen schlicht nicht mehr bezahlen. Um so perfider, wenn man sich nicht auf einen Konsens versteht, sondern die Länder in eine Situation bringt, in der sie nur noch wählen können zwischen dem eigenen finanziellen Untergang und gröblichst unsozialen Sparmaßnahmen.
Es grenzt schon an Zynismus, wenn der Bundeskanzler einen »Solidarpakt« einfordert und zugleich den gefährlichen Unfug verbreitet, bei uns ließe sich von Sozialhilfe besser leben als von den Einkünften geregelter Arbeit. Wie sollen wir denn denen, die jetzt schon kaum ihre Krankenhauskosten bezahlen können, erklären, daß wir gerade und vor allem ihnen noch mehr abverlangen wollen? Die Mieten in unseren Ballungsräumen jedenfalls sind durch den Hinweis auf die Anforderungen der deutschen Einheit noch nicht gesunken.
Keine Frage: Die Bereitschaft, für den Vereinigungsprozeß

Opfer zu bringen, ist vorhanden. Wie sonst konnte es sein, daß die auf einer dreisten Steuerlüge basierende, in die Mogelpackung »Solidaritätszuschlag« eingewickelte Mehrbelastung 1991/92 ohne großes Murren ertragen wurde? (Die Empörung, die laut wurde, richtete sich noch nicht einmal gegen die ungerechte Verteilung einer solch undifferenziert prozentualen Belastung – man mochte nur die Verlogenheit nicht hinnehmen, mit der angeblich unvorhersehbare Mehrausgaben bemüht wurden, um zu kaschieren, daß man den Wähler vor der Wahl für dumm verkauft hatte.)
Vielleicht sollte die Bonner Regierung sich bei der Suche nach Einsparmöglichkeiten ein Beispiel nehmen an denen, deren Unmut sie in der Asylfrage so weidlich ausgeschlachtet hat – an der Bevölkerung. Ende 1992 wurde in einer Umfrage ermittelt, an welcher Stelle die Bundesbürger im eigenen Haushalt mit dem Sparen beginnen würden – das Ergebnis ist eine schallende Ohrfeige für all jene, die den Rotstift immer am liebsten da ansetzen, wo die Menschen sich am wenigsten wehren können. Die Leute sind, jener Umfrage zufolge, bereit, beim Autokauf zu sparen, bei der Kleidung und sogar bei den Lebensmitteln. Weit abgeschlagen auf dem letzten Platz landete der Sparvorschlag, den Kindern das Taschengeld zu kürzen. Gerade das ist aber, im übertragenen Sinne, die Politik der Bundesregierung.
Die soziale Frage ist das eine. Der zweite nicht minder wichtige Aspekt der katastrophalen Bonner Finanzpolitik ist in der Öffentlichkeit weit weniger beachtet worden. Es geht um die schleichende Aushöhlung der finanziellen Autonomie der Bundesländer. Diese Politik bedroht den Föderalismus, sie rührt unmittelbar an unsere Verfassung und behindert sinnvolle Möglichkeiten, die Vereinigung auch regional voranzutreiben.

Augenblicklich hat es den Anschein, als wolle sich die Bundesregierung bis 1994 durchlavieren, um sich dann 1995, wenn die ostdeutschen Länder in den Finanzausgleich einzubeziehen sind, bei der Lastenaufteilung zwischen Bund und Ländern klammheimlich davonzumachen. Das wäre schon eine absurde Vorstellung: der Einheitskanzler, der sich aus der Finanzierung der Einheit verabschiedet und die große Aufgabe, die Angleichung der Lebensverhältnisse zu bewerkstelligen, im großen und ganzen den Ländern überläßt.

Schon jetzt haben sich die Gewichte einseitig zu Lasten der Länder verschoben, das zeigt zum Beispiel der Wohnungsbau. Die rot-grüne Regierung in Niedersachsen gibt für den Wohnungsbau viermal so viel Geld aus wie ihre Vorgängerin, wir haben 1991 fast zwanzigtausend Wohnungen gefördert, fast doppelt so viel wie Baden-Württemberg, Bayern, Hessen oder Nordrhein-Westfalen. Wir müßten mehr bauen und wir würden auch gern mehr bauen, wenn wir dabei nicht von Bundesmitteln abhängig wären. 1988 noch trug der Bund die Hälfte der Wohnungsbauförderung in Niedersachsen, 1991 war es gerade noch ein Siebtel. Das heißt: Mit den gleichen Landesmitteln, die 1988 noch für zwölf Wohnungen ausreichten, konnten wir 1991 gerade mal sieben fördern.

Man könnte daraus den Schluß ziehen, dem Land im Rahmen des Bund-Länder-Verhältnisses mehr Mittel zuzuweisen. Das wäre sogar vernünftig, denn ohnehin haben die Mischfinanzierungen bei öffentlichen Projekten ungesunde Ausmaße angenommen. Auch bei Aufgaben, welche dem Kern nach Ländersache sind, ist der Bund mehr und mehr federführend geworden – und das in einer Zeit, da im europäischen Rahmen die Bedeutung des Föderalismus eher zu- als

abnimmt. Die Vielzahl der Mischfinanzierungen räumt dem Bund ungebührliche Rechte ein: Wenn er, wie das immer wieder geschieht, sich einseitig aus verabredeten Projekten zurückzieht, kann das Land allein seine Aufgaben auch nicht mehr erfüllen – statt zu einer Dezentralisierung der Aufgaben kommen wir zu einer stärkeren Zentralisierung.
Man kann das mit Zahlen belegen: Durch den Wegfall von Strukturhilfen im Rahmen der deutschen Vereinigung und die Steuerbeschlüsse des Bundes vom Februar 1992 verliert Niedersachsen bis 1994 rund zwei Milliarden Mark. Nach dem jetzt – Anfang Februar 1993 – vorliegenden Konzept der Bundesregierung würde das Land Niedersachsen ab 1995 pro Jahr fast 5 Milliarden zusätzlich aufbringen müssen. Das ist bei einem Haushaltsvolumen von rund 38 Milliarden im Jahre 1993 schlicht nicht zu machen. Wir wollen keine Almosen, wir sind bereit zu helfen und dafür auch auf gewisse Gelder zu verzichten. Aber wir wollen auch keine immer neuen Verteilungskämpfe.
Das Thema mag kompliziert sein und daher in der Öffentlichkeit schwer darstellbar. Aber wenn wir den Föderalismus beibehalten, ihn im Rahmen eines Europas der Regionen gar stärken wollen, brauchen die einzelnen Länder eine gewisse Finanzautonomie, um ihre verfassungsmäßigen Aufgaben möglichst bürgernah durchführen zu können. Es geht ja hier nicht um Partikularinteressen oder regionale Fürstenhöfe, sondern um die Demokratie, welche nun einmal desto lebendiger wird, je näher die Probleme auch da gelöst werden können, wo sie auftreten. Mit Kirchturmpolitik läßt sich die Frage des deutschen Beitrags zu Frieden und Stabilität in der Welt nicht lösen – wenn aber die Bundesregierung noch über den Kirchturm mitreden will, wie soll da die demokratische Teilhabe der Menschen an den Entschei-

dungsprozessen aussehen, ohne die wir Stabilität nicht einmal im eigenen Land garantieren können?
Das heißt, daß die Länder entsprechende Mittel brauchen, um die bei ihnen anfallenden Probleme lösen, die notwendigen Reformen und Projekte ins Werk setzen zu können, ohne dabei auf Sonderhilfe von außen angewiesen zu sein. Eine Verfassung, die bewußt den Ländern eine ganze Reihe hoheitlicher Aufgaben zuweist, ist schön und gut. Wenn aber die Steuergelder zwischen Bund, Ländern und Gemeinden so verteilt werden, daß die Länder diese Aufgaben aus eigener Kraft gar nicht mehr bewältigen können, wird das Grundgesetz Makulatur. Der Länderfinanzausgleich ist dazu da, eventuelle Unterschiede in den Finanzverhältnissen der Länder in der Spitze zu beseitigen. Exorbitante Unterschiede, wie sie zwischen West- und Ostländern bestehen, oder Haushaltsnotlagen wie in Bremen und dem Saarland zu beseitigen, kann nicht Gegenstand des Länderfinanzausgleichs sein – dies obliegt dem Bund. Die Herstellung gleicher Lebensverhältnisse in Ost und West ist eine Gemeinschaftsaufgabe, und das maßgebliche Kriterium für die Verteilung der Lasten kann doch nur sein, in allen Bundesländern die gleiche Pro-Kopf-Belastung anzusetzen. Von diesem elementaren Gebot der Gerechtigkeit sind wir derzeit weit entfernt. Niedersachsen leistet seine Verwaltungs- und Aufbauhilfe für das Partnerland Sachsen-Anhalt allein; der Freistaat Sachsen erfreut sich der Hilfe gleich zweier wohlhabender Westländer, Bayerns und Baden-Württembergs. Das reiche Nordrhein-Westfalen erfüllt seine partnerschaftlichen Aufgaben im wesentlichen gegenüber dem kleinen Brandenburg. Eine Weile haben wir diese Mehrbelastung tragen können, weil wir ungewöhnlich hohe Steuereinnahmen hatten. Inzwischen müssen wir für unsere über-

durchschnittlichen Hilfsleistungen eine Kostenerstattung verlangen.
Das hat nichts mit Egoismus zu tun, nur damit, daß mit einem bankrotten Niedersachsen auch Sachsen-Anhalt nicht geholfen ist. Wir wollen auch den ostdeutschen Ländern, denen wir helfen, nicht etwa in ihre ureigensten Angelegenheiten dreinreden. Aber wenn beispielsweise der Landesrechnungshof berichtet, daß nirgends so sprunghaft befördert wird wie in der Verwaltung unseres Partnerlandes, dann haben wir einen gewissen Erklärungsbedarf gegenüber unseren Bürgern, denen wir im Namen der deutschen Integration Opfer abverlangen. Wir werden dann gewiß nicht erklären, daß die dort Regierenden etwa besonders unfähig seien. Aber es stimmt etwas nicht mit der Struktur der Hilfsmaßnahmen – und zwar auf beiden Seiten: was die Effekte angeht, aber auch betreffs der Belastungen.
Man darf da keine Mißtöne aufkommen lassen: Natürlich wollen wir die Einheit und natürlich wollen wir auch die möglichst rasche Herstellung gleicher Lebensverhältnisse, nicht nur in Ost und West, sondern auch zwischen Sachsen und Mecklenburg-Vorpommern, zwischen Bayern und dem Saarland. Wir wollen den Menschen in den ostdeutschen Ländern auch nicht den Entwicklungsweg vorschreiben, etwa indem wir uns vorbehielten, die von ihnen gewünschten Projekte nach unseren Kriterien zu überprüfen. Die Verständigung über die Verkehrspolitik und anderes kann nur im Prozeß des Dialogs gelingen, in dem wir allerdings nur zu bereit sind, unsere Erfahrungen zur Verfügung zu stellen und zu erläutern, warum wir beispielsweise dazu übergegangen sind, Straßen zurückzubauen, wo das möglich ist. Dieser Erfahrungsaustausch funktioniert da, wo er gewollt wird, weitgehend reibungslos, und selbst der Bundesverkehrsminister

ist ja inzwischen davon abgekommen, jedes Dorf in seinem Wahlkreis an eine Autobahn anschließen zu wollen.
Die derzeit wohl entscheidende Schwierigkeit ist eine ganz andere: die Frage nämlich, wie wir die Modernisierung im Osten fördern können, ohne einen Modernisierungstransfer zu bewirken, bei dem wir uns, deutlich gesagt, bloß ins eigene Knie schießen würden. Die Forderung auch meiner Parteifreunde nach Erhalt der »industriellen Kerne« in Ostdeutschland halte ich dann für gefährlich, wenn sie undifferenziert vorgetragen wird. Man muß kein rücksichtsloser Wirtschaftsliberaler sein, um darauf zu bestehen, daß Industrien, die erkennbar nicht wettbewerbs- oder zukunftsfähig sind, nicht erhalten werden können. (Mich wundert in dem Zusammenhang allenfalls, wie heftig Konservative und Wirtschaftsliberale auf einer Eigentumsregelung beharren, die ausgesprochen zukunftsfeindlich ist, da sie Investitionen verhindert und umstrittene Grundstücke lieber um fast jeden Preis den Nachfahren preußischer Landjunker zuschlagen will, als sie einer wirtschaftlich und sozial einträglichen Nutzung zuzuführen.) Der Weg, den es im Fall veralteter Industrien einzuschlagen gilt, ist aus durchaus vergleichbaren Prozessen in der alten Bundesrepublik bekannt; er führt über Verschlankung, Innovation, Umschulung und Umstrukturierung der Produktion zur gezielt geförderten Modernisierung. Der Teil des Weges, der die größten Schmerzen bereitet, ist inzwischen fast überall gegangen; die Zahl der aus dem industriellen Prozeß Entlassenen in den östlichen Bundesländern ist beängstigend hoch, sozial kaum vertretbar – vor allem rückt sie die Maßstäbe gerade, daß Opfer ganz gewiß nicht nur im Westen gebracht werden. Schon deshalb kann die Entwicklung in den Ländern der ehemaligen DDR nicht allein nach volkswirtschaft-

lichen Gesichtspunkten organisiert werden; hier spielen regional- und sozialpolitische Aspekte eine ebenso große Rolle. Nur müssen wir dabei aufpassen, daß wir nicht im Osten Kapazitäten aufbauen, die wir in der Folge im Westen abbauen müssen.
Die Sache ist halbwegs verzwickt. Nehmen wir nur die Werftindustrie: Jede Mark, die wir in die Modernisierung der Werften Mecklenburg-Vorpommerns stecken, ist eine Mark, die wir in die Konkurrenz der niedersächsischen Werften investieren – und das in einer Zeit weltweit abnehmender Nachfrage nach Schiffsbaukapazitäten. In der Konsequenz hieße das, daß wir die Beschäftigten der niedersächsischen Werften nicht nur um ihren finanziellen Beitrag zum Aufbau im Osten bitten, sondern daß wir ihnen auch sagen müßten: So, und mit dem Geld vernichten wir jetzt euren Arbeitsplatz. Hoffnungen auf bessere Konjunktur helfen den Werften auch nicht, die Geschichte läßt sich nicht zurückdrehen in eine Zeit, da die Menschen den Atlantik per Schiff überquerten. Das Problem betrifft nicht nur die Werften: Es ist im allgemeinen leider so, daß die schwierigsten, größte Aufmerksamkeit erfordernden Branchen im Osten diejenigen sind, in denen entsprechende Betriebe bereits im Westen erhebliche Überkapazitäten abbauen mußten.
Im Westen ist diese Umstrukturierung mit guten Gründen staatlich subventioniert worden. Dasselbe muß für die entsprechenden Betriebe im Osten gelten. Aber wir müssen uns darüber im klaren sein, daß wir Gefahr laufen, neue Überkapazitäten zu schaffen; bei dem dann einsetzenden, innerdeutschen Wettbewerb hätten natürlich die zuletzt modernisierten Betriebe einen entscheidenden Vorteil. Das ist in der freien Wirtschaft kein Problem, es ist sogar wünschenswert. Schwierig wird es, wenn staatliche Subventionen im

Spiel sind – da muß, schon um der Arbeitsplätze willen, die öffentlich gefördert werden, Chancengleichheit gewahrt werden. Das heißt, wir haben dafür Sorge zu tragen, daß die Subventionen nicht etwa weiterlaufen, wenn die Modernisierung der Werften in Mecklenburg-Vorpommern einmal abgeschlossen sind; dann dürfen auch keine anderen, strukturfördernden oder regionalpolitischen Maßnahmen mehr greifen. Sonst hätten wir bloß Geld von West nach Ost transferiert und im Gegenzug Arbeitslosigkeit von Ost nach West.

Wenn man die Integration aller Teile in das größere Deutschland verträglich gestalten will, kann man durchaus für eine gewisse Zeit darauf verzichten, die Entwicklungen und Notwendigkeiten einzig und allein unter volkswirtschaftlichen Gesichtspunkten zu diskutieren. Das geht eine Weile gut, aber sicher nicht auf Dauer – sonst bekommen wir zwar die Angleichung der Lebensverhältnisse, aber auf denkbar niedrigem Niveau.

Einerseits müssen wir schleunigst das Gegeneinander, das Trennende zwischen Ost und West überwinden. Dafür muß auf beiden Seiten Verzicht geleistet werden. Andererseits kann es nicht angehen, daß wir sämtliche Modernisierungsanstrengungen in den Osten verlagern – wenn das politisch gewollt wäre, nähme die Wirtschaft ein solches Angebot wohl nur zu gern an, denn die Modernisierung wäre ja staatlich gefördert. Abgesehen davon, daß niemand gern seinen eigenen Untergang finanziert, sind allerdings auch die wirtschaftlichen Strukturen in den ostdeutschen Bundesländern häufig noch nicht so, daß mit demselben Aufwand der gleiche Modernisierungseffekt zu erzielen wäre wie im Westen. Wir brauchen also kein neues Gießkannenprinzip, sondern eine Verständigung darüber, was wir wie fördern wollen, ohne, bildlich gesprochen, dem Baum die Wurzeln zu kappen. Um es drastischer auszudrücken: Wir brauchen eine gesellschaftliche Übereinkunft ausgerechnet darüber, daß die Ungleichheiten noch eine ganze Weile fortbestehen werden. Alles andere wäre Augenwischerei oder bloßer Arbeitsplatztransfer.

Selbstverständlich ist der Einigungsprozeß gestaltbar, wie es so schön heißt. Aber wenn er gelingen soll, ohne in neue, womöglich größere Ungerechtigkeit zu münden – weil am Ende die Dummen ja auf beiden Seiten nur diejenigen sind, deren Arbeitsplätze hin- und hergeschachert wurden –, müssen wir alle so ehrlich sein, uns einzugestehen, daß es bis zur völligen Angleichung der Lebensverhältnisse in Ost und West noch eine ganze Weile dauern wird. Wer von zwanzig, fünfundzwanzig Jahren ausgeht, liegt mit Sicherheit nicht verkehrt.

Das mag für diejenigen besonders bitter klingen, die wir einst »Brüder und Schwestern« genannt haben und die wir heute nur noch als »Ossis« kennen. In der Vereinigungsrhetorik war von Beginn an eine Riesenportion Heuchelei, vor dem Fall der Mauer sowieso, aber seitdem ist es nicht allzuviel besser geworden. Die SPD hat zu lange nur betont, daß die Einheit teurer wird, als die Union uns hat glauben machen wollen. Das war richtig, wie zu beweisen war. Sie darf nun nicht in den Fehler verfallen, ihrerseits den Glauben zu erwecken, allein mit einem Mehr an staatlichem Interventionismus ließe sich der Einigungsprozeß in der sehr nahen Zukunft vollenden. Aufgabe der Politik kann jetzt eigentlich nur größte Offenheit sein; gewissermaßen die Voraussetzung für einen gesellschaftlichen Runden Tisch, an dem alle Platz haben und nach Lösungen für unsere gemeinsame Zukunft suchen. Dabei geht es zuvörderst darum, den Menschen zu helfen, über einen längeren Zeitraum hinwegzukommen, in dem Ungleichheiten fortbestehen werden. Deshalb muß niemand resignieren oder die Hände in den Schoß legen. Gerade in den Regionen, die bis 1989 als grenznah galten, läßt sich sofort einiges tun für die Überwindung der krassesten Unterschiede. Wenn wir es hinbekämen, daß beispielsweise die Nordländer Schleswig-Holstein, Mecklenburg-Vorpommern, Sachsen-Anhalt, Bremen, Hamburg und Niedersachsen ihre regionalen Gemeinsamkeiten in konkrete, gemeinsame Wirtschaftspolitik umsetzten, könnten wir rasch große Fortschritte machen. Integration heißt eben auch integrierte Politik. Gut, alle müßten ein bißchen nachgeben, nicht nur in den materiellen Interessen, sondern vielleicht auch bei ihren jeweiligen regionalen Sturheiten. Aber daran darf es ja wohl nicht scheitern.

Nur muß man die Länder in die Lage versetzen, solche Schritte auch tun, sprich: finanzieren zu können. Denn wenn das Zusammenwachsen an den Nahtstellen nicht gelingt, wie soll es da im Hinterland klappen?

Basiswissen für Bonn: Die SPD und andere

Regierungswechsel sind eine Selbstverständlichkeit im demokratischen Prozeß. Im großen und ganzen haben sich die Wählerinnen und Wähler in den letzten zwanzig Jahren als ausgesprochen souverän erwiesen, wenn es galt, einen überfälligen Machtwechsel herbeizuführen. Ich bin gewiß keine Sekunde lang glücklich gewesen mit der Regierung Kohl und empfinde die Umstände der FDP-Wende 1982 nach wie vor als eher unappetitlich. Aber ich mache auch kein Hehl aus meiner Überzeugung, daß in der Konstellation dieses sozialliberalen Bündnisses damals ein sinnvolles Regieren nicht mehr möglich war. Die CDU stand als Alternative bereit, der Machtwechsel war nur logisch.

Für einen Regierungswechsel bedarf es im allgemeinen zweier Bedingungen: Die amtierende Regierung muß im Amt hinlänglich ermüdet sein und offenkundig nicht mehr imstande, die gesellschaftliche Problemlösung zu fördern. Zweitens braucht es eine inhaltlich attraktive, mehrheitsfähige Alternative, die keinen Zweifel daran läßt, daß sie jederzeit in der Lage ist, die Regierungsgeschäfte zu übernehmen.

Was die erste Bedingung angeht, scheint die Sache ziemlich klar. CDU und FDP haben sich in zehn Jahren Kohlscher Kanzlerschaft gründlich an der Macht verbraucht. Sie stolpern von Peinlichkeiten zu Affären und von Affären zu Skandalen. Von Regierungsstil oder gar stilbildender Politik kann überhaupt keine Rede sein, die Personaldecke ist ver-

schlissen. Die Koalitionspartner können ihre eigenen Reserven nicht mehr mobilisieren, wie sollen sie da gesellschaftliches Potential entwickeln? Angesichts eines heftig gewachsenen inneren und äußeren Problemdrucks, schon im Zusammenhang mit der Einigung Deutschlands und Europas, wäre die Zeit mehr als reif für einen Wechsel.
Es ist ja nicht etwa so, daß wir uns Reformen nicht leisten können. Vielmehr können wir es uns nicht leisten, auf die nötigen Reformen zu verzichten. Wenn wir die Arbeit an einem Energiekonsens und den ökologischen Umbau nicht tatkräftig in Angriff nehmen, setzen wir unsere Zukunftsfähigkeit aufs Spiel. Waldsterben und Ozonloch haben sich schon in der Vergangenheit so wenig wegdiskutieren lassen wie die Gefahren der Kernenergie. Wenn wir die Zuwanderung nicht im Sinne einer bejahenden, offensiven Politik steuern, riskieren wir nicht nur unseren Wohlstand und den Fortbestand unseres Sozialsystems, sondern den der Demokratie überhaupt. Wenn wir nicht gezielt in Bildung investieren, eine aktive Frauenpolitik betreiben, werden wir die gesellschaftlichen Kreativkräfte nicht hinreichend entwickeln können. Dann nützt uns auch aller Wachstumsglaube nicht, den die CDU unverdrossen als Allheilmittel predigt – wir brauchen nicht quantitatives Wachstum, das zum Beispiel auf Kosten des Umweltschutzes gefördert wird (interessanterweise ist es ja schon wieder die Ökologie, an der sich die Wirtschaftswunderapologeten am ehesten zu vergreifen bereit sind), sondern qualitatives Wachstum: auf gesellschaftlichem Konsens basierende Innovation unserer Industriegesellschaft.
Das heißt, wir brauchen eine umfassende Reformpolitik wie auch eine Reform der Politik im Sinne einer Modernisierung der politischen Formen. Beides werden wir nicht be-

kommen ohne eine von der SPD gestellte Bundesregierung. Bei der Analyse dieser zweiten Bedingung für einen Regierungswechsel bleiben allerdings leise Zweifel daran, ob die SPD ihre eigenen politischen Produktivkräfte bereits ausreichend mobilisiert hat. Es kommt augenblicklich weniger darauf an, in -zig Gesprächsrunden die amtierende Regierung aus dem Schlamassel herauszukungeln. Entscheidend wird sein, ob es der SPD gelingt, sich als umfassend regierungsfähig und unbedingt regierungswillig darzustellen.
Der Mißerfolg bei der Bundestagswahl 1990 gründete sich auch darauf, daß beides nicht in gewünschtem Maße erreicht wurde – seinerzeit vor allem, weil die SPD es versäumt hat, sich offensiv auf den Vereinigungsprozeß einzulassen. Dazu gehört Ehrlichkeit über die Dauer und die Entbehrungen, die dieser Prozeß noch mit sich bringen wird, aber auch die unbedingte Zielsetzung, in den ostdeutschen Bundesländern – auch im Verbund mit unseren östlichen Nachbarn – eine ökologisch und sozial verträgliche Modernisierung für die Bedürfnisse des nächsten Jahrhunderts zu bewerkstelligen.
Dazu muß allerdings auch die Politik selbst modernisiert werden. Das betrifft die Parteien in ganz besonderem Maße, und ich will gleich auf eine Tendenz eingehen, die unter dem Stichwort »Modernisierung« auch in der SPD ihre Anhänger hat. Knapp gesprochen, läuft die These, mit der manche in der Parteiführung liebäugeln, unter ihnen nicht zuletzt Oskar Lafontaine, auf eine »Amerikanisierung« der Politik hinaus: Da die Entwicklung der Mediengesellschaft den politischen Wettstreit ohnehin immer mehr in eine Richtung steuere, die in den USA längst eingeschlagen worden ist, täte die SPD gut daran, sich nach dem Muster der US-Demokraten zu organisieren – als große Partei der Mitte,

die, programmatisch nur lose festgelegt, allen möglichen Einzel- und Gruppeninteressen ein Dach gewährt und gleichzeitig eine Art großen nationalen Konsens mit der anderen großen Partei sucht. Dezidiert linke Positionen könnte man in diesem Konzept, so heißt es, den Grünen überlassen, denen gegenüber man ja koalitionsfähig bliebe; der Parteiapparat bräuchte nicht mehr der einer Mitgliedspartei zu sein, sondern bedürfte lediglich eines straffen und in Public Relations erfahrenen Polit-Managements. Vorschläge wie der, Urwahlen des Kanzlerkandidaten nach amerikanischem Muster durchzuführen, fügen sich ins Bild dieses Vorschlags, sind aber nicht notwendiger Bestandteil.

Das in meinen Augen Gefährliche dieser These liegt darin, daß an ihr vieles wahr ist, die Konsequenz aber vermutlich zum geraden Gegenteil einer modernen Partei führen würde. Unleugbar hat die Ausbreitung der Medien und die Zunahme ihrer Bedeutung das politische Klima und mithin auch die Bedingungen von Politik bei uns nachhaltig verändert. Ebenso unzweifelhaft hat die SPD sich nicht nur von der Klassenpartei fortentwickelt; auch die politische Kartographie, in der die SPD, meist eins mit den Gewerkschaften, grundsätzlich auf der richtigen, linken, Seite steht, stimmt so nicht mehr. Andererseits sollte, wer sich die Demokratische Partei der USA zum Vorbild nehmen will, schon sehr genau hinschauen: ob nicht dort, schon aufgrund eines enormen innenpolitischen Reformstaus, die politische Profilierung viel weiter nach »links« – also zu mehr Sozialstaat, größerer Solidarität – treibt, als manche Modernisierer hierzulande wahrhaben wollen. Man muß aufpassen, daß man sich nicht die amerikanische Öffentlichkeit, welche weit stärker als die unsere entpolitisiert ist, zum Muster nimmt, um dann Bill Clinton rechts zu überholen.

Mein Grundeinwand gegen diese Diskussionsrichtung ist der, daß sie die Möglichkeiten einer gewachsenen Mitgliederpartei, wie die SPD sie nun einmal ist, gröblich außer Acht läßt. Das macht die Orientierung an den USA unhistorisch. Zweitens riskierten wir mit solch einer Strategie unweigerlich einen erheblichen Substanzverlust der Sozialdemokratie und ihrer Politik. Wenn wir die Positionen, welche die SPD kennzeichnen und ihr Identität verleihen, über Bord würfen, gingen nicht nur diese Positionen verloren: nie und nimmer werden die Grünen – die sich nach der Vereinigung mit dem ostdeutschen »Bündnis 90« übrigens weniger »links« definieren als je zuvor – in der Lage sein, all diese Positionen aufzunehmen und zu absorbieren; abgesehen davon fände ich das auch nicht wünschenswert. Die SPD wäre in solch einem Spektrum eine austauschbare Partei, deren Position variierte, je nachdem, welche Gruppe in welcher Frage gerade die Oberhand hat.
Die Vorstellung, eine solche Partei könnte in Deutschland Kontur am Charisma ihrer jeweiligen Spitzenkräfte gewinnen, leugnet nicht nur den grundsätzlichen Unterschied zwischen europäischer und amerikanischer Kultur der Politik. Sie zeugt auch von einem statischen Politikverständnis: Die innovativen Kräfte, die politikfähigen und politikbereiten Gesellschaftsschichten, ohne welche politischer Fortschritt nicht erzielbar ist, blieben einer solchen Partei notwendig entfremdet, da sie sich in ihr dem bloßen Management von Politik und Karriere unterwerfen müßten. Für diese kritischen Schichten wird die SPD aber nur attraktiv bleiben und werden, wenn sie in zentralen Fragen der gesellschaftlichen Entwicklung eindeutige Prinzipien vertritt. Das wäre einerseits das Bekenntnis zur Aufklärung als Richtschnur für eine Ethik des gesellschaftlichen Diskurses

– auch und gerade gegen den blinden Fortschrittsglauben; das Festhalten an der Solidarität als Leitmotiv bei der Ausgestaltung der gesellschaftlichen Beziehungen; drittens die Verteidigung des Verfassungsstaates in seiner Schutzfunktion für den einzelnen, viertens die Betonung einer ökologischen Entwicklung, des Schutzes von Natur und Ressourcen, gegen den Machbarkeitswahn, sowie fünftens das Prinzip internationaler Gerechtigkeit und friedlicher Konfliktlösung.

So schlecht die SPD beraten wäre, wenn sie in programmatische Dogmatik zurückfiele, so wenig wäre sie zu echter Modernisierung in der Lage, wenn sie auf die Profilierung programmatischer Positionen verzichtete. Dabei will niemand zurück in die schlechten alten Zeiten des demokratischen Zentralismus. Die Politik kann die Konflikte der Gesellschaft nicht stellvertretend für die Gesellschaft lösen, sie ist nicht seligmachend noch heilsbringend. (Das Gegenkonzept von der Politik, die nur die Ideologie richtig anwenden müßte, um gewissermaßen automatisch zum Endstadium gesellschaftlichen Glücks zu führen, ist ja gerade im ehemaligen »sozialistischen Lager« unter großem Getöse und Zurücklassung schlimmen Unglücks zusammengebrochen.) Was die Politik aber vermag, ist, die unterschiedlichsten gesellschaftlichen Gruppen sprach- und dialogfähig zu machen. Politik kann die soziale Gerechtigkeit fördern, die Demokratie und den Rechtsstaat entwickeln; sie kann im Sinne der Aufklärung mäßigend auf die Stimmungen in der Öffentlichkeit einwirken (daß die deutsche Politik in den vergangenen Monaten oft genug das Gegenteil praktiziert hat, ist kein Beweis für einen notwendigen Daseinszusammenhang zwischen Demagogie und moderner Politik!). Politik kann die gesellschaftliche Entwicklung gewissermaßen als Stützmaßnahme begleiten, Ausputzer spielen, wenn es um die soziale und ökologische Verträglichkeit von Entwicklungsprozessen geht. Sie kann insgesamt die Instrumente schleifen und den Boden bereiten für einen umfassenden gesellschaftlichen Diskurs. Dazu muß sie kommunikativ sein, aber gerade nicht beliebig.

Gegenwärtig macht die SPD oft genug den Eindruck eines organisatorisch desolaten, inhaltlich zerstrittenen Haufens. Die politischen Zuchtmeister sind längst an ihr verzweifelt, aber so merkwürdig es auch klingt: Gerade weil sie so heterogen ist, so dezentral und fragmentiert, ist die SPD von den demokratischen Parteien wahrscheinlich die modernste Organisation. Kaum etwas erinnert noch an die Partei, deren Organisationsstärke und Geschlossenheit einst so legendär waren wie ihre Führungsstruktur straff. Heute stehen Ortsvereine und Unterbezirke, Landesverbände und die Bundespolitik weitgehend unverbunden nebeneinander. Die ostdeutsche SPD, die leider auch nur im Wege des Beitritts Aufnahme in die Partei gefunden hat, weist Traditionen auf, eine Sozialstruktur und identitätsstiftende politische Ziele, die von denen der SPD im Westen grundverschieden sind. Die politische, auch programmatische Vielfalt der Gesamtpartei führt gelegentlich sogar zu politischer Verwirrung.

Als »lose verkoppelte Anarchie« bezeichnet der Politikwissenschaftler Peter Lösche das heutige Organisationsprinzip der SPD. Der Begriff ist – wenn man unter »Anarchie« nicht unbedingt die Lehre Bakunins versteht – zutreffend, das Modell scheint jedenfalls der modernen Gesellschaft, die überwiegend eine Dienstleistungsgesellschaft mit hoher Ausdifferenzierung ist, angemessener als die SPD alten Zuschnitts, in der es auf »Stallgeruch« und eiserne politische Disziplin ankam. Mehr noch: Gerade die fragmentierte Organisationsform befähigt die SPD heute unter Umständen besser als die anderen demokratischen Parteien zum Spagat zwischen auseinanderdriftenden Gruppen und Interessen. Was ihre Attraktivität für die unterschiedlichsten gesellschaftlichen Schichten angeht, das Nebeneinander grundverschieden sozialisierter und interessierter Mitglieder und Funktionsträger, ist die deutsche SPD längst so offen wie die Demokratische Partei der USA. Nur liegt ihre Chance jetzt nicht darin, sich entsprechend austauschbar und nach jedermanns Geschmack zu präsentieren, sondern ihre Heterogenität zum Ausgangspunkt zu machen für die Herstellung der gesellschaftlichen Bündnisse, auf die es so sehr ankommt.

Allerdings sind das Chancen, keine Automatismen. In der Praxis führt das lockere Nebeneinander und die Abwesenheit stringenter Organisation oft genug nicht nur zur notwendigen Pluralität und zum fruchtbaren Meinungsstreit. Sicher, eine stumme Partei ist eine dumme Partei. Bloß läuft die heutige SPD mitunter Gefahr, daß ihre einzelnen Gliederungen zwar lautstark, aber autistisch reagieren – und das ist nicht weniger dumm. Auch zeigt sich, daß die SPD selbst an ihrer Buntheit eher leidet, als daß sie daraus Selbstbewußtsein bezöge. Es kommt dann die Formel auf von der »guten« Basis, also der zahlenden Mitgliedschaft, und der gutwilligen Führung, die beide bloß durch das schrille Orchester des sogenannten Mittelbaus, also der Funktionsträger gestört würden.

Das Argument ist mit höchster Vorsicht zu genießen. Zwischen Basis und engerer Parteiführung besteht in der Tat große Gemeinsamkeit: es ist die eines gewissen Opportunismus. An der Basis nimmt man gern Rücksicht auf die Stammtische, an denen man gern sitzt – das ist keine Kritik, sondern ein Stück Lebenswirklichkeit. In der Führung will man Ärger vermeiden, innerparteilichen zumal, man hat schließlich ohnehin genug um die Ohren und stets zu wenig Zeit. Hier setzen sich die Stammtische zusammen aus Sachzwängen und der Abgehobenheit im »Raumschiff Bonn«. Will man verhindern, daß die Politik der Partei an den jeweiligen Stammtischen von Führung und Basis – von deren Einfluß auch ich mitnichten frei bin – festgelegt wird, dann braucht man die kritische Diskussion mit dem programmatisch orientierten Mittelbau. Wer diese Frauen und Männer, die in aller Regel sehr aktiv an den politischen Diskussionsprozessen teilhaben, als »Funktionärskaste« diffamiert, begibt sich eines wesentlichen politischen Korrektivs. Man muß diesen aktiven Mittelbau geradezu pflegen – auch wenn man, was bei Mitarbeit in der Parteiführung nahezu unvermeidlich ist, sich noch so über seine Kritik ärgert. Wenn es ihr gelingt, die Pluralität der Meinungen und Herkünfte mit eindeutigem Engagement für ihre Prinzipien zu verbinden, hat die SPD das Zeug, eine weit über die Grenzen ihrer klassischen Klientel hinaus dialogfähige, moderne Partei zu werden. Allerdings ist die SPD vielleicht modern, eine hinreichend modernisierte Organisation ist sie noch längst nicht. Das gilt für das immer noch verbreitete landsmannschaftliche Gefolgschaftsdenken; das gilt für die in manchen Regionen ungebrochene Vormachtstellung alter Seilschaften; das gilt aber auch für die Führungsspitze und die Parteizentrale in der Bonner Baracke. Hier – in der Baracke – agieren oft genug statt einer Schaltstelle gleich drei Machtzentren: das Büro des Parteivorsitzenden, das des Bundesgeschäftsführers und der Betriebsrat. Bislang haben die Versuche einer Straffung des Managements noch nicht zum Erfolg geführt, dazu bedarf es geduldiger Umorganisa-

tion. Mit diktatorischen Maßnahmen, den Parteiapparat auf die eine Führungspersönlichkeit oder gegebenenfalls den von der SPD gestellten Bundeskanzler ausrichten, ist einer pluralistischen, lebendigen Partei nicht geholfen.
Ziemlich unmodern ist indes auch eine gewisse Form der, nennen wir sie: kommunikationslenkenden Maßnahmen, die eher an ein Zeremoniell bei Hofe erinnert. In manchen Machtzentren der SPD ist eine Art inoffiziellen Dienstwegs ausgetrampelt worden, auf dem eine Anzahl überaus wohlmeinender Vertrauenspersonen den jeweiligen Herrn und Meister vor allzu direkter Ansprache abschirmt. Bevor man zur Sache kommt, heißt es dann oft genug, man müsse erst einmal mit diesem oder jenem »One-Dollar-Man« die eine oder andere Unstimmigkeit ausräumen – die wüßten dann schon, was der Chef denkt. Wie in der Landesverwaltung stoße ich auch in der Partei immer wieder auf Erstaunen, wenn ich nicht anrufen lasse, sondern selbst zum Hörer greife: Umständlichkeiten, wie sie einer modernen Partei jedenfalls nicht gut zu Gesicht stehen.
Das heißt nun nicht, daß man etwa auf jedwede Ab- oder Einstimmung an der Parteispitze verzichten sollte. Wenn ich etwa an die beängstigende Geschwindigkeit denke, mit der in der Asyldebatte beinahe täglich und durchaus nicht immer von übermäßiger Sachkunde getrübte Vorschläge produziert wurden, halte ich das für keinen sehr attraktiven Diskussionsstil. Statt dem politischen Ziel näherzukommen, erhöht man bloß den öffentlichen Erwartungsdruck, wenn sich alle Nase lang ein anderer Parteioberer mit einer neuen Forderung aus dem Fenster lehnt.
Andererseits brauchen wir eine gewisse Multipolarität, welche die Partei kennzeichnet, auch an der Spitze. Die sogenannte Mediendemokratie, in der so gut wie alles öffentlich

darstellbar ist und abgefragt wird, erzeugt zudem eine gewisse Notwendigkeit der Selbstdarstellung. Der Vorwurf, einzelne Führungsmitglieder würden sich mit einzelkämpferischen Vorstößen profilieren, trifft also auch mich in vollem Umfang. Der Ministerpräsident eines Bundeslandes, der bundespolitisch nicht öffentlich mitredet, läuft Gefahr, nicht ernstgenommen zu werden; auch die Wähler seines heimatlichen Bundeslandes erwarten, daß seine Stimme im bundespolitischen Konzert hörbar bleibt. Insofern entsteht die öffentliche Meinungsvielfalt, welche die SPD sich leistet, auch aus einer Vielfalt an Legitimations- und Profilierungsnotwendigkeiten.

So sehr die Partei auch eine gewisse Personalisierung ihrer politischen Positionen braucht, so schwierig wird die Angelegenheit beim Parteivorsitzenden. Mehr als etwa die Mitglieder des Parteipräsidiums muß der Vorsitzende ein Gefühl für politische Zurückhaltung entwickeln – und dies nicht etwa, weil er der einzige wäre, der um die Integration der verschiedenen Standpunkte in der Partei bemüht zu sein hat. Die Problematik liegt vielmehr in der Struktur jener Öffentlichkeit, für die parteiinterne Meinungsverschiedenheiten immer auch eine Nachricht sind. In diesem Spiegel wird jede Kritik an der Meinung des Parteivorsitzenden zu einer Demontage. So wenig der Parteivorsitzende ein politischer Eunuch sein darf, so wenig gestattet ihm die öffentliche Wahrnehmung eine Privatmeinung; äußert er sich, legt er die Partei fest.

Völlig zu unrecht ist an Björn Engholm kritisiert worden, er führe die Partei mit zu wenig harter Hand. Das Gegenteil ist richtig: Björn Engholm hat sich immer da als moderner Parteichef hervorgetan, wo er auf die Prinzipien kollegialer, konsensbildender Leitung gesetzt hat. Schwierigkeiten sind

da aufgetaucht, wo er ohne hinreichende Absprachen vorgeprescht ist, insbesondere bei Themen, die in der Partei stark emotional besetzt sind: beim Asylrecht, beim sogenannten großen Lauschangriff, bei der Frage von Bundeswehreinsätzen. Aus den entsprechenden Debatten läßt sich lernen, daß die Kommunikation auch und gerade an der Parteispitze verbesserungsbedürftig ist. Als moderne Partei muß die SPD aber auch ein Politikverständnis vermitteln, in dem nicht jede Kritik an der Meinung des Parteivorsitzenden als Majestätsbeleidigung mißverstanden wird – selbst wenn in und um Bonn beachtliche Scharen politischer Beobachter Geld und Ansehen damit gewinnen, daß sie aus jedem Meinungsstreit einen Machtkampf deuten.
Eine Partei, die ihre Widersprüche aushält und aus ihnen Stärke zieht, ist noch lange nicht automatisch regierungsfähig, selbst wenn ihr die innere Modernisierung gelingt. Es kommt, kurz gesagt, darauf an, zu treiben, nicht getrieben zu werden. In den großen politischen Auseinandersetzungen der jüngsten Vergangenheit hatte man nicht immer den Eindruck, daß die SPD als regierungsfähige Alternative auch das Gesetz des Handelns durchweg in der Hand gehabt hätte. Immer wieder mußte man den Eindruck gewinnen, die Partei habe sich Themen und Vorschläge vorgeben lassen, um dann hilflos mitansehen zu müssen, wie die politischen Gegner aus der vermeintlichen »Verweigerungshaltung« der SPD Schuldzuweisungen abzuleiten – bis hin zum absurden Vorwurf, die SPD fördere den Rechtsextremismus, weil sie das Grundrecht auf Asyl nicht abschaffen will. Mit Recht erwartet die Öffentlichkeit von der SPD Antworten auf die drängenden Fragen der gesellschaftlichen Entwicklung. Aber es steht nirgendwo geschrieben, daß die entsprechenden Fragen von ausgerechnet jener Bundesregierung zu

formulieren seien, deren Glaubwürdigkeit und Lösungskompetenz auch von der Mehrheit der Bürger erheblich bezweifelt wird. Für die Demonstration von Regierungsfähigkeit ist die Entwicklung nachvollziehbarer politischer Alternativen von größerem Belang als die Bereitschaft, gemeinsam mit den jeweils Herrschenden Sanitäterdienste zu leisten.

Ich bin selbst Mitglied der engeren Parteiführung und halte mich deshalb mit Kritik an dem einen oder anderen tunlichst zurück. Aber mir scheint es noch immer, daß einige Genossen mit dem Zerrbild vom »vaterlandslosen Gesellen« zu schrecken wären – als hätte die SPD mit ihrer großen Geschichte und ihrem von niemandem geleugneten enormen Beitrag zur Entwicklung der deutschen Demokratie solche Minderwertigkeitskomplexe nötig.

Auf der anderen Seite ist in der SPD noch immer ein gewisses Mißtrauen gegen die politische Macht verbreitet, und mir ist es auch sehr viel lieber, in einer solchen Partei zu Hause zu sein als in einem Postenschacher- oder Kanzlerwahlverein. Die Geschichte der Sozialdemokratie, die zwischen Kaiserreich und Nationalsozialismus immer wieder eine bis hin zur physischen Ausrottung verfolgte Partei war, liefert gute Gründe, sich die politische Macht eher als Gegner vorzustellen. Bei den jüngeren Parteimitgliedern und Funktionsträgern, die aus der 68er Bewegung oder aus den Bürger- und Protestbewegungen der siebziger und achtziger Jahre zur SPD gestoßen sind, bedingt diese Sozialisation ein Politikverständnis, aus dem heraus jeder einzelne zur Regierungsfähigkeit nötige Kompromiß zum »Verrat« an der ganzen Sache werden kann.

Man darf deshalb jedoch weder den Fehler machen, sich um den Preis fauler Kumpanei mit den Mächtigen als dermaßen regierungsfähig zu präsentieren, daß die Ziele aus den Augen schwinden. Noch darf man sich in die Rolle der Opposition verlieben, weil nur so die Prinzipienreinheit zu gewährleisten wäre. Die SPD braucht die andauernde Verständigung darüber, was die Partei an Sehnsüchten und Visionen eingelöst sehen will, und was demgegenüber die Führung unter Hinweis auf ihre Regierungsfähigkeit an Zugeständnissen machen muß. Bei dieser Diskussion darf es keinen feststehenden Sieger geben – sonst wäre die SPD entweder wirklich nicht regierungsfähig, oder sie würde diese Regierungsfähigkeit durch raschen Verschleiß an der Macht bald wieder einbüßen.

Wer den Regierungswechsel will, muß aber schließlich auch sagen, in welchen Konstellationen er ihn herbeizuführen gedenkt. Deshalb habe ich die Regierungsarbeit in Niedersachsen immer auch als bundespolitischen Beitrag verstanden. Das ist keine Geringschätzung der Landespolitik, die in einer Zeit weiterer Dezentralisierung von immenser Bedeutung für die Stärkung des föderalen Elements ist. Auch halte ich überhaupt nichts davon, die Landespolitik als Sprungbrett für eine Karriere in Bonn zu mißbrauchen. Aber angesichts der politischen Stagnation unter der gegenwärtigen Bundesregierung und eines sich eher verschlechternden politischen Klimas ist mir sehr daran gelegen, die SPD im Bund fit für den Wechsel zu machen. Das ist der bundespolitische Sinn des rot-grünen Experiments, das sich in Niedersachsen und auch in Hessen bewährt hat: In einer Zeit, da absolute Mehrheiten kaum mehr wahrscheinlich sind, halte ich die rot-grüne Option für die beste und auch am ehesten realisierbare.

Es ist richtig, daß die demokratischen Parteien grundsätzlich untereinander koalitionsfähig sein müssen. Es ist auch

richtig, daß manche, sogar in meiner Partei, immer noch Berührungsängste gegen die Grünen hegen – Ängste übrigens, die meiner Erfahrung nach in dem Maße schwinden, in dem die tatsächliche politische Berührung stattfindet. Ich kenne auch die Stimmen jener, die, wie Hans-Ulrich Klose es anfangs getan hat, angesichts der enormen Herausforderungen auf dem Weg zur deutschen und europäischen Einheit eine große Koalition für die angemessenste Regierung halten. Ich selbst habe meiner Partei geraten, lieber eine solche Regierungsbeteiligung zu suchen, als sich in Gesprächsrunden mit der regierenden Koalition verheizen zu lassen. Wenn man schon für die Unfallnachsorge in die Pflicht genommen werden soll, war meine These, dann muß man auch am Steuer sitzen, um Unfallvorsorge betreiben zu können.
Unabhängig davon halte ich die große Koalition für keine Alternative. Sie muß die Ausnahmesituation der parlamentarischen Demokratie bleiben, und bei allen Schwierigkeiten haben wir keinen gesellschaftlichen Ausnahmezustand. Die Berührungsflächen zwischen einer reformorientierten SPD und einer mehr und mehr gestaltungsunfähigen, an die Macht geklammerten CDU sind ausgesprochen gering – ich sehe nicht, wie auch nur die mindesten Reformziele, etwa in der Zuwanderungs- oder der Umweltpolitik, in einer großen Koalition zu verwirklichen wären. Auch würde eine solche »Elefantenhochzeit« mit den dann notwendigen politischen Stillhalteabkommen das demokratische Leben keineswegs bereichern. Die wichtige Rolle der parlamentarischen Opposition würde den kleinen Parteien aufgebürdet, die schon ihrer personellen und materiellen Ausstattung wegen zu umfassender, effektiver Kontrolle der Regierungsarbeit gar nicht imstande wären.
Dieses Land braucht keine Regierung, die Notstände verwal-

tet und den Parteienkompromiß ausbaldowert, statt den gesellschaftlichen Konsens zu suchen und zu fördern. Wie schon beim überfälligen Machtwechsel zu Brandt/Scheel 1969 brauchen wir eine Regierung, die mehr Demokratie wagt. Die CDU wird nach über zehn Jahren, in denen sie sich an der Macht verbraucht hat, einen solchen Beitrag kaum leisten können, und die FDP hat ihre Glaubwürdigkeit schon in ihrer ureigenen Anhängerschaft und Klientel weitgehend verspielt.

Natürlich bleibt eine Portion Skepsis gegen die Festlegung auf ein Bündnis mit den Grünen. Wie bei allen kleinen Parteien, zwingt die allgegenwärtige Frage des parlamentarischen Überlebens auch die Grünen zu mancher Unnachgiebigkeit. Die Frage, wer in der Grünen Partei die Oberhand gewinnt, hat sich vielleicht nur verschoben vom Konflikt zwischen Fundis und Realos zur Auseinandersetzung zwischen denjenigen, die konstruktiv Reformpolitik mitgestalten wollen, und denen, die einen Regierungsauftrag noch immer verwechseln mit der Summe aller lokalen Wünschbarkeiten. Das sind Spannungen, welche die Grünen aushalten müssen; die SPD mit ihren heterogenen Flügeln und Interessengruppen ist kaum geringeren Konflikten unterworfen. Aber die positiven Erfahrungen aus dem niedersächsischen Reformbündnis eröffnen bundespolitische Perspektiven für die neunziger Jahre und darüber hinaus. Jedenfalls wäre das Ausmaß an unproduktiven Konflikten mit allen anderen denkbaren Partnern größer als in einer rot-grünen Koalition.

Wo es innerhalb dieses Regierungsbündnisses Konflikte gegeben hat – und wieder geben wird –, ist das zuallermeist auf äußere Faktoren zurückzuführen. Ob in der Atom- oder Zuwanderungspolitik, in der Friedens- und Entwicklungspolitik ohnehin: Eine Landesregierung ist in bundespolitische Zwänge und Diskussionsverläufe eingebunden, die eine rot-grüne Bundesregierung ganz anders setzen könnte. Noch wesentlicher für die Chancen einer rot-grünen Koalition auf Bundesebene finde ich den Umstand, daß ein Bündnis zwischen SPD und Grünen derzeit die besten Möglichkeiten hat, gesellschaftliche Übereinkünfte zwischen denkbar heterogenen, reformbereiten Gruppen und Schichten zu organisieren – gewissermaßen im Spagatschritt in die Zukunft. SPD-Politik jedenfalls ist durch die Auseinandersetzungen in der rot-grünen Koalition nicht schlechter geworden, sondern ein ganzes Stück besser.